図解入門
How-nual
Visual Guide Book

最新 Artificial Intelligence

人工知能が
よ〜くわかる本

人工知能の最新動向を基礎から学ぶ

神崎 洋治 著

●注意

(1) 本書は著者が独自に調査した結果を出版したものです。

(2) 本書は内容について万全を期して作成いたしましたが、万一、ご不審な点や誤り、記載漏れなどお気付きの点がありましたら、出版元まで書面にてご連絡ください。

(3) 本書の内容に関して運用した結果の影響については、上記 (2) 項にかかわらず責任を負いかねます。あらかじめご了承ください。

(4) 本書の全部または一部について、出版元から文書による承諾を得ずに複製することは禁じられています。

(5) 本書に記載されているホームページのアドレスなどは、予告なく変更されることがあります。

(6) 商標

本書に記載されている会社名、商品名などは一般に各社の商標または登録商標です。

PREFACE

はじめに

　人間のような知能を持ったコンピュータ、「人工知能」はまだ存在していません。これは汎用型人工知能と呼ばれ、脳科学や神経科学、電子工学など様々な分野から研究が行われていますが、人工知能の誕生までには、まだまだ遠い道のりがあります。

　では、新聞やニュースで「○×に人工知能を導入」と書かれているのは、どういうことでしょうか。汎用型人工知能を実現するためには様々な能力をコンピュータで実現し、精度を高めていく必要があります。例えば、人間と会話する能力、人間の言葉で書かれた文章を読解する能力、ものを判別する能力、情報を探す能力、見つけた情報から何かを判断する能力、推論を立てる能力などです。それらの能力のいずれか、またはいくつかの能力がビジネスに活用できるレベルに進化したため、一気に導入が加速しているのです。

　進化のきっかけとなったのは「機械学習」、人間の脳の構造を模倣した「ニューラルネットワーク」、深層学習「ディープラーニング」です。この本を手に取った読者の方であれば、どれも聞いたことがあるキーワードばかりだと思います。

　人間は、身近にいる猫の存在をいつの間にか理解するようになりますが、今やコンピュータも YouTube にある膨大な画像データを与えることで、自律的に猫の存在を理解するようになりました。更にパックマンやブロック崩しなど、黎明期にヒットしたテレビゲームなら、人間がルールを教えなくてもコンピュータはプレイしながらやりかたを理解して、上級者よりも高得点をマークするようになります。コンピュータが自分でどんどん学習するところには、凄さと同時にどことなく恐ろしさを感じます。

　機械学習やニューラルネットワークによってパターン認識や分析の能力が飛躍

的に向上しました。Google や Apple だけでなく、Facebook や Amazon、Microsoft も次々に、これらの技術を製品やサービスに導入しています。先行している IBM Watson は、がん研究や新薬の開発等、医療分野で成果を上げるなど、既に海外では実績を積み重ねる段階に移行しています。インターネットは情報の宝庫と言われますが、その 80% 以上は、人間が理解できるもののコンピュータには理解できない「非構造化データ」です。Watson は、非構造化データを読解して知識として活用する能力に秀でています。これは、人間の言葉を理解し、会話する技術にも通じます。先に挙げた Google や Apple などの IT 業界の巨人たちも、人間と会話するコンピュータ技術「会話エンジン」の開発を競っています。これは、会話エンジンが人工知能の開発、スマートフォンやパソコン、ロボット、自動車など、様々なインタフェースに応用できると考えているからです。トヨタ自動車は人工知能技術の研究・開発を行う新会社「Toyota Research Institute」を設立し、スタンフォード大学およびマサチューセッツ工科大学（MIT）と連携して研究することを発表しました。まさに AI とロボットの著名人が名前を連ねたドリームチームで、その予算は 5 年で約 1200 億円です。AI 開発競争が加速しています。

　本書は人工知能の関連技術、特に機械学習やニューラルネットワークのしくみや専門用語、ビジネス活用事例等にフォーカスして、最前線の情報をできるだけわかりやすくまとめました。後半には IBM や Microsoft、Google など、AI 技術の研究を進めるトッププレイヤーたちの状況をまとめ、巻末の「おわりに」では、ディープラーニングの現状の課題にも触れています。人工知能関連技術の理解やビジネス利用を検討する参考になれば幸いです。

　執筆にあたっては、日本アイ・ビー・エム、ソフトバンク、日本マイクロソフト、シーエイトラボ、全脳アーキテクチャ・イニシアティブほか、たくさんの人工知

能関連企業や団体の方々に資料提供や取材等でご協力頂きましたことに御礼申し上げます。また編集部の皆様にも御礼申し上げます。

　なお、本書の内容の一部は、著者がインターネットで連載しているコラム「ロボットの衝撃！」（ロボスタ）で執筆したり、インタビューしたりした記事を引用・再編集して掲載しています。連載コラムではPepperをはじめとしてコミュニケーションロボットやIBM Watson、自動運転車等を中心に最新情報を紹介していますので、興味がある人はそちらも参照してみてください。

神崎洋治の「ロボットの衝撃！」（ロボスタ）

http://robotstart.info/author/kozaki

　では、人工知能やニューラルネットワーク等の概要と最前線から解説をはじめます。

2016年6月　神崎　洋治

図解入門

最新 人工知能 がよ～くわかる本

CONTENTS

はじめに 3

第1章 AI 関連技術の最前線～過去から未来までの系譜

1-1 囲碁の勝負で人間を破った人工知能「アルファ碁」.............. 10

1-2 予想以上に早く進化を遂げた囲碁用 AI 12

1-3 エキスパートシステム 15

1-4 「IBM Deep Blue」と人間の頭脳戦 17

1-5 ディープラーニングの導入 19

1-6 AlphaGo が強力な囲碁 AI になるまで 21

1-7 人工知能ブームと Google の猫 24

1-8 画像認識コンテスト「ILSVRC」で
ディープラーニングが圧勝 27

1-9 DeepMind とゲーム用自律学習型汎用 AI 29

1-10 パターンマッチングと識別 AI 32

1-11 強い AI と弱い AI 35

1-12 チューリングテスト 39

コラム 中国語の部屋 42

1-13 シンギュラリティ（技術的特異点）................................. 43

1-14 トランジスタが人間の脳を超えるとき 46

CONTENTS

1-15 感情を持ったロボットの登場 50

1-16 知識と知恵の違い、そして知能へ 52

第2章 AI 技術のビジネス活用

2-1 人間と自然に会話するコンピュータ 56

コラム Amazon Echo と Alexa 62

2-2 コールセンターのオペレータ支援 63

2-3 オンラインショッピングサイトでの顧客対応 67

2-4 コンシェルジュを支援する AI アシスタント 71

2-5 チャットボットと会話 AI 76

2-6 チャットボット・会話 AI の事例 82

2-7 チャットボットの技術と種類 98

2-8 人工知能を搭載した会話アプリ 101

2-9 ロボットのディープラーニング活用法 104

2-10 フィンテックと AI 活用 112

2-11 犯罪予測システムを市警が導入 120

2-12 自動運転車の現状と未来 122

コラム BMW が無人自動駐車機能を搭載 126

2-13 ヒットを予測する AI システム 131

2-14 芸術の領域に進出する AI 133

2-15 医療分野で活躍する IBM Watson 137

2-16 IoT とビッグデータ 142

2-17 未来を委ねる若者たち 148

7

| 図解入門 How-nual | 第3章 | 超入門かんたん解説 AI 関連技術と専門用語 |

3-1 機械学習と特徴量 152

3-2 ニューラルネットワークと分類問題 157

3-3 ニューラルネットワークのしくみ 163

3-4 ディープラーニング（深層学習） 168

3-5 教師あり学習と教師なし学習 172

3-6 強化学習 178

コラム　AlphaGo と強化学習 182

3-7 バックプロパゲーション（誤差逆伝播法） 183

3-8 ニューラルネットワークをもっと深く知る 184

3-9 TensorFlow で会話 AI を作ってみた 190

コラム　これから注目の機械学習技術 195

| 第4章 | AI を牽引する主要プレイヤー |

4-1 IBM 198

4-2 Microsoft 207

4-3 Google 212

4-4 Facebook 215

4-5 Amazon 217

4-6 Apple 219

4-7 トヨタ自動車 221

4-8 NTT グループ 224

4-9 ソフトバンクグループ 231

4-10 日本勢の動向 234

おわりに 239

索引 240

第1章
AI関連技術の最前線
～過去から未来までの系譜

　1956年、複数の人工知能研究者が米ニューハンプシャー州のダートマス大学に集まり、「人工知能」という言葉が生まれました。人間の脳と同様のものをコンピュータで実現しようという考えです。その後、多くの理論が生まれ、人工知能の誕生に期待が集まって、これまで二度のブームが起こりましたが、いずれも失望へと変わりました。

　その状況がいま、変わろうとしています。人間の脳の最も重要な能力のひとつ「パターン認識」をコンピュータで行う技術が、「ニューラルネットワーク」「ディープラーニング」等によって飛躍的に進歩し、実用的なレベルになったのです。

1-1

囲碁の勝負で人間を破った
人工知能「アルファ碁」

2016年3月9日、囲碁の世界では有名な実力者がGoogleの人工知能（AI）に破れるという『一大事』が起こりました。「AIが人類を超えた」といった、煽るような報道もありました。普段は囲碁をしない人、IT業界とは無関係な人、人工知能なんて映画やコミックの中のもの、等と思っている人たちも注目しました。

▶▶ AIが人類を超えた？

人類を超えたかどうかは別として、たしかに衝撃的な出来事です。というのも、囲碁はチェスや将棋と比較して着手数が多いため、コンピュータが人間に勝つにはまだ10年はかかるだろう、と言われていたからです。その囲碁において世界的な実力者を、開発をはじめてわずか数年の人工知能が破ったのですから、快挙であったことは間違いありません。

しかし、『人工知能が人類を超える日』が来るとしたら、それはまだまだ先の未来の話です。「AlphaGo」（アルファ碁）の勝利によって、Googleが囲碁に対して行ったAI活用のアプローチは成功したと言えるでしょう。AIにとって革新的な成果のひとつを得たことは確かですが、それはあくまで囲碁での話です。人工知能研究の分野で研究者や開発者が目指している真の人工知能とは「汎用的」で「万能」なものであり、その道程から見るとほんの一歩に過ぎません。今の人工知能はまだまだ人間の脳にはほど遠いのです。

しかし、世界中の研究者や開発者、政治家までもが注目するとなると、技術はめざましく進歩する可能性があります。いま「人工知能」の業界はそのきっかけと原動力を得たのです。

そして、汎用的な人工知能の登場はまだまだ先でも、実は社会やビジネスにおいて、人工知能の技術が多方面で、急速に導入されはじめているのです。

1-1 囲碁の勝負で人間を破った人工知能「アルファ碁」

　いま人工知能には何ができて、何ができないのか。なぜ、再び注目されるようになったのか。社会やビジネスにおいて、どんなところでどのように活用されはじめているのかを理解しておく時期に来ています。社会の大きな変革に乗り遅れないためにも、社会とビジネス活用のAI最前線に目を向けてみましょう。

AlphaGo のトピック

- AI技術で学習/訓練を受けたAlphaGoが、世界トップレベルのプロ囲碁棋士に勝利
- AlphaGoはGoogleが買収したGoogle DeepMindが開発
- 注目されたAI技術
    機械学習
    ニューラルネットワーク
    ディープラーニング
    強化学習　など

2016年3月9日、イ・セドル氏がAlphaGoに負けた瞬間
(出典　YouTube)

1-2
予想以上に早く進化を遂げた 囲碁用 AI

「人工知能」とは、人間の脳と同様の知能を持つコンピュータ、または、それを実現するためのしくみや要素技術のことです。英語では「Artificial Intelligence」で、略して「AI」です。

▶▶ AlphaGo とは？

　人工知能と人間の頭脳の対決ということで注目された囲碁の対局で対戦したのは、Google傘下の「**Google DeepMind**」社が開発したAIシステム「**AlphaGo**」（アルファ碁）と、プロ囲碁棋士のイ・セドル（李 世乭）氏です。イ・セドル氏は韓国棋院所属の九段で、国際棋戦優勝十数回などの実績をもつ最強の棋士と言われているひとりです〔世界大会の優勝回数18回（優勝回数で世界第2位）〕。

　勝負は5番勝負で、2016年3月9、10、12、13、15日に行われました。初日は3時間半の熱戦の末、AlphaGoが著名なプロ棋士に初めて勝利しました。AlphaGoは囲碁の実力者や実況中継の解説者も首をかしげるような独特の手を打ち、いつの間にか戦局を優位に進めていました。それ以降も囲碁の定石ではタブーとされるような手や唐突で意表を突く手も交えて攻めました。実況解説者にすら、一見してAlphaGoのミスと思われていたものも数手先に進むと効いてくるということもありました。こうして、全5戦の結果でもAlphaGoの4勝1敗となりました。イ・セドル氏は4日目に勝利したものの3連敗を喫し、勝利した日には既に敗戦が決まっていました。

　今までコンピュータがチェスや将棋の名人級の人たちと対戦して勝利してきた実績があるものの、この囲碁での勝利は囲碁棋士界や私達IT業界関係者にとって驚くべきものでした。囲碁棋士界の有識者の多くはコンピュータが囲碁に勝てない理由は「囲碁の人間性」だと主張していましたし、IT業界の有識者は「いずれ

はAIが勝つ日が来るだろうが、まだまだ先のこと」と予想していた人が多かったからです。すなわち、IT業界の有識者たちの予想よりもはるかに早くAIが成長（もしくは進化）していること、そしてAIが実践でまたひとつ大きな成果を上げたことを示しています。

模倣にあらず

コンピュータの得意なことと言えば、膨大な計算を苦にしない、ミスをしないこと。「名人のやり方をたくさん詰め込んだ模倣戦略で勝ったんだろう」と推測しがちですが、今回の対戦では、AIが打った手の良さを、実況の解説者さえ一見して気付かない戦術、定石を覆すような一手を繰り出して勝利しています。すなわち、単なる名人の模倣ではないことを証明した点も、大きな驚きだったのです。

「Google DeepMind」が開発しているAIシステムの基盤は「**DQN**」（deep Q-network）と呼ばれるゲーム用の汎用AIです。様々なゲームをこなすDQNに、囲碁用のトレーニングを行ったシステムが「AlphaGo」です。

この世界戦に先だって、AlphaGoは2015年10月に、欧州チャンピオンの囲碁名人と対局して5戦5勝で勝利しています。ただ、欧州と世界のレベルの差は大変大きく、世界レベルの囲碁での勝負はAlphaGoにとって初の挑戦だったのです。

Google DeepMind社の最高経営責任者（CEO）のデミス・ハサビス氏は雑誌『WIRED』の取材に対して「AlphaGoは人間のプログラミングによって設計された単なる**エキスパートシステム**ではない」「一般的な機械学習のテクニックを使い、どうやって囲碁の試合に勝つか学んでいく」「AIは人間よりはるかに大量のデータを処理し、物事をより効率的なやり方で構造的に洞察することができる。これは人間の専門家にはできないかもしれない」と答えています。

囲碁専用に設計されたものではないこと、機械学習を使って自律的に学習すること、ビッグデータの解析に優れること——。これらは今、最も注目されているAIの技術と活用に繋がっている言葉なのです。

次項では、まず「単なるエキスパートシステムではない」という意味を説明しましょう。

1-2 予想以上に早く進化を遂げた囲碁用AI

プロ囲碁棋士 vs AlphaGo（AI）

日付（2016年）	勝者
3月09日	AlphaGo
3月10日	AlphaGo
3月12日	AlphaGo
3月13日	プロ囲碁棋士
3月15日	AlphaGo

第4戦勝利後の記者会見で笑顔を見せるイ・セドル氏
（出典　YouTube）

1-3

エキスパートシステム

人工知能の研究者や開発者が目指しているのはなんでもできる「万能性」や「汎用性」の高いコンピュータです。いわば「なんでもできる」ということですが、その反対に位置するのが「エキスパートシステム」、すなわち、ある特定の分野に特化して優れた能力を持つコンピュータです。

▶▶ 「人工知能」とは呼べない？

　エキスパートとは「専門家」のことで、専門分野の知識を持った人間が行っているような分析や意思決定をコンピュータで代替するシステムのことです。主に人工知能研究で用いられてきた単語で、複雑な設問に対して分析や推論を交えて答え（解）を示すことから、既存のコンピュータとは一線を画すとして、人工知能実現の第一歩として注目されました。1980年代の国家プロジェクト「第5世代コンピュータ」を記憶している人もいるかもしれません。

　しかし、その一方で、人工知能は自ら考えて知を創造するコンピュータである、という視点から見れば、エキスパートシステムは人工知能とは呼べないという意見もあります。エキスパートシステムは人間が作ったルールに忠実に従って、人間が作成したデータベース、もしくは人間の意図によって機械が作成したデータベースを使って素早く解を導きます。これは最もコンピュータらしい振る舞いであって、人間らしくはない、ということです。ちなみに、コンピュータが読み取りできる形式で知識をデータベース化したものを「**知識ベース**」（knowledge base）と呼びます。知識のデータベースと言ったところです。知識を検索したり、問題に対して解決や推論を行ったりするために利用されます。

　コンピュータのプログラミングではよく「If ～ Then」文と呼ばれるコードが使われます。「もし、～だったら、～をする」という命令です。If-Thenルールとも呼ばれます。人間の生活に当てはめると「もし青信号だったら（If）交差点を渡る

第1章　AI関連技術の最前線〜過去から未来までの系譜

1-3 エキスパートシステム

（Then）」という、基本的にはどんなものにも使われるコードですが、Ifに対して、膨大な知識ベースの中から最適な解を選択して返すと、高度な回答も可能になります。また、正解のない答え、すなわち推論や未来予測（これらを未知データと呼びます）を回答する場合は特に、コンピュータが知性を持って知的な振る舞いをしているように見えます。これを人工知能と呼ぶか否かは両論があります。

　IT業界で「エキスパートシステム」と言うと、専門分野に洗練されたシステムを指して呼称する場合があります。その際は専門分野に優れたシステムというだけで、人工知能の要素技術は全く使われていないものもあります。

エキスパートシステム

- ●専門分野に特化した高度なコンピュータ
- ●膨大な知識ベースと的確な推論能力を持つ
- ●主に人工知能関連技術を用いたものが多い
- ●「If Then」ルールと高い計算能力で最適解を回答する
- ●エキスパート・システムを使うことで、専門知識のない人間が、専門家と同様の見解や推論を得ることができる
- ●専門家が何かを判断するために最適解を照会する用途にも適する
- ●人工知能技術が使われていないにもかかわらず「エキスパート・システム」を自称しているものもある

1-4
「IBM Deep Blue」と人間の頭脳戦

IBM製のチェス専用コンピュータ「Deep Blue」（ディープ・ブルー）を記憶している人も多いかもしれません。1996年、コンピュータ対人間の知能戦として最も知られている出来事が、当時のチェス世界チャンピオン、ガルリ・カスパロフ氏とディープ・ブルーの一戦です。

▶▶「先読み」で勝つ

ディープ・ブルーは、32ビット処理のコンピュータであったIBMのRS/6000 SPを基にしたシステムで、IBMの公式発表によれば最終的に勝利した仕様は「32個のプロセッサが搭載されており、1秒間に約2億手を読む演算が可能」、要するに当時としては最先端のハードウェアで構成されたチェス専用機でした。

それでも1996年2月の第一戦ではカスパロフ氏が3勝1敗2引分で通算では勝利をおさめ、ディープ・ブルーは敗戦しました。しかし、諦めることなく、1997年5月に挑んだ再戦ではディープ・ブルーが2勝1敗3引分の成績で接戦を制したのです。

どうやったら相手に勝てるかを考えるとき、多くの人が「先読み」を思いつくでしょう。次の一手にはどのようなものが有効であり、その手を打った場合、相手はどう打ち返してくるか——。たくさんのパターンを覚えれば勝てる確率が上がるだろう、というものです。コンピュータ内では多くの手の有効度を評価関数で表して比較し、最良の手を算出しています。

ディープ・ブルーは、計算能力の高さを活かして約2億通り近いパターンの手を瞬時にシミュレートして、最良と思われる次の一手を繰り出すという手法でした。また、カスパロフ氏が実際に過去に打った戦術も学習させ、まさに打倒カスパロフ氏専用のチェス対局システムとしてチューニングされていました。こうして膨大なデータと高速な演算能力によってコンピュータは勝利を得たのです。

1-4 「IBM Deep Blue」と人間の頭脳戦

IBMはもともと人工知能を「万能型」として捉えているため、チェスだけに特化したディープ・ブルーを人工知能とは呼んでいません。しかし、エキスパートシステムが広義の人工知能であるならば、ディープ・ブルーも人工知能と呼べなくもありません。しかし、ディープ・ブルーは評価関数を使い、桁外れの計算能力で最良の次の一手を提示しているだけ、それでは知能を持っていないから人工知能ではないという意見が多かったのです。しかし、この時、勝負に敗れたカスパロフ氏は対局後に「ディープ・ブルーには知性を感じた」とコメントしています。

ちなみにディープ・ブルーの後継機は「IBM Blue Gene」で、2007年の公式プレスリリースでは「13万1千個のプロセッサを駆使し、通常の動作で毎秒280兆回の演算を処理する。一人の科学者が一台の計算機を使用した場合には17万1千年休まずに計算し続けなければならないところを、Blue Geneならわずか1秒間で演算処理を行うことができる」としています。まさに計算能力としては桁違い、人間が及ぶものではありません。

コンピュータと人間の頭脳戦の歴史		
1996年02月 1997年05月	Deep Blue Deep Blue	チェスの世界チャンピオンに1勝3敗2分けで敗れる。 チェスの世界チャンピオンに2勝1敗3分けで勝つ。
2011年02月	IBM Watson	クイズ番組「Jeopardy!」で人間のクイズ王に勝つ。
2010年10月 2012年01月 2013年03月	あらか2010 ボンクラーズ Ponanzaほか	女流王将に勝利 元名人の名誉棋聖に勝利 団体戦で3勝1敗1分
2015年10月 2016年03月	AlphaGo AlphaGo	囲碁の欧州チャンピオンに5戦5勝で勝つ。 囲碁の世界チャンピオンに5戦4勝で勝つ。

1-5

ディープラーニングの導入

ディープ・ブルーがチェスで勝利してから、「AlphaGo」による世紀の囲碁対局まで20年間もかかりました。その理由のひとつに、前述のとおり、チェスと囲碁はルールや勝つための要素が大きく異なるため、人間の思考の方が有利であるとされていたことが挙げられます。

▶▶ チェスより大変な囲碁

　一説によると、チェスの最初の二手の着手数は400通り、将棋は900通り、囲碁にいたっては129,960通りあると言われています。それほどに複雑です（囲碁の着手数は10の360乗という説もあります）。

　更に、当時ディープ・ブルーを開発したメンバーのひとりによれば「チェスはパターンを読むことが重要だが、囲碁は直感や目算が重要とされる」として、最近でもAIが囲碁で人間に勝利するにはまだ10年はかかる、とコメントしていたほどです。

　AlphaGoのシステム構成は、1,202基のCPUと176基のGPU（Graphics Processing Unit）で構成されているとも、CPU4基とGPU8基を搭載したマシン50台の編成とも言われています。いずれにしても桁違いの計算能力であることは確かですが、AlphaGoの勝利はハードウェアのパワーだけに頼ったものではありませんでした。要となったのは、チェスに勝利したAI「ディープ・ブルー」とは全く異なるアプローチ、今もっとも注目されている最新の「**ニューラルネットワーク**」や「**ディープラーニング**」の技術を導入しての勝利でした。

　それまでの知識ベースのエキスパートシステムとは違い、AlphaGoは囲碁のルールすら知らないと言います。正確に言えば、囲碁のルールすら、人間によって組み込まれてはいないということです。囲碁のルールや定石、勝ち方を人間が入力して教えたのではなく、過去に行われた膨大な数の囲碁棋士による対局の記録

第1章　AI関連技術の最前線〜過去から未来までの系譜

1-5 ディープラーニングの導入

（棋譜）、膨大なビッグデータを自律学習させることで、AlphaGo自身が自分を強力なシステムに作り上げたというのです。

Deep Blue と AlphaGo の違い

比較項目 ＼ 機種	Deep Blue	AlphaGo
ゲーム種類	チェス	囲碁
開発社	IBM	Google（Google DeepMind）
開発年（対局勝利年）	1997年	2016年
基礎技術	知識ベース エキスパートシステム	ニューラルネットワーク ディープラーニング（自律学習）

1-6
AlphaGoが強力な囲碁AIになるまで

Google DeepMindは、どのようにしてAlphaGoを強力な囲碁AIシステムに鍛え上げたのでしょうか。ルールも教えずにどうやってAlphaGoは囲碁をするのか、それすら疑問に思われるでしょう。その点を解説します。

▶▶ 人工知能の「学び方」

　まずはインターネット上の囲碁対局サイトにある3000万手に及ぶ膨大な棋譜データをAlphaGoに読み込ませました。最初は人間がAlphaGoに対して棋士が打った次の手を教えますが、3000万手ものデータをすべて教えたり、良い手、悪い手を人間が教えるのは不可能に思えます。少なくとも長い期間が必要になってしまいます。

　そこで「ニューラルネットワーク」の技術「ディープラーニング」を使います。いわば人間の脳のしくみに近い方法で打ち手を自分で学習するようになります（詳しくは後述します）。ただ、AlphaGoは次の手によって盤面の状況が変わったことはわかりますが、囲碁のルールを知りません。そこで「得点」という考え方を使います。人工知能研究では「報酬」と呼びます。

　例えば、ゲームをクリアしたら得点がもらえる、何秒以内にクリアしたら更に得点がもらえる、特別な技を使ったら更に高い得点がもらえる、といった「高得点を目指す」という概念です。人間もテレビゲームをするときに高得点を意識しますね。それと同様に、より高い得点を得るという目標を与えることで、コンピュータは得点が良くなる方法や手段を学習するのです。囲碁の場合は最終的に相手より多くの陣地を作って勝てば得点がもらえる、ということに尽きます。

　しかし、3000万件の打ち手ではまだ情報が足りなかったのです。ディープラーニングのしくみ自体は昔から知られていましたが、コンピュータで実用化するには

第1章　AI関連技術の最前線〜過去から未来までの系譜

1-6 AlphaGo が強力な囲碁 AI になるまで

当時は想像できないほどの膨大なビッグデータが必要だったのです。インターネットやクラウドのない時代にはそれほど膨大なデータ量を集めることは不可能でした。ビッグデータの到来によって、ディープラーニングの時代もやってきたのです。しかし、それでも精度を上げるためには、3000万件の打ち手では足りません。

そこで、次に開発チームが行ったのはコンピュータ同士の対局によるトレーニングです。コンピュータ同士であっても、対局によって「経験値」とも呼べるデータが新たに生み出されて蓄積されます。同じシステムで対局すると新たな打ち手の創造が生まれにくいため、異なる囲碁システムと対局させたり、同じ囲碁 AI システムであっても異なるバージョンと対局させることで違ったパターンの局面、すなわち3000万手以上の棋譜データを生成し、それを蓄積してまた学習させたりするトレーニングが繰り返し行われたのです。人間と違ってコンピュータは疲れません。延々と対局を繰り返し学習、経験していきました。その結果、世界レベルの囲碁 AI へと成長したのです。

技術的に AlphaGo で注目したい点は「**強化学習**」と「**ニューラルネットワーク**」を組み合わせたことです。強化学習とニューラルネットワークについての詳細は第3章で解説しますが、これを組み合わせたことでどんな点に優れているかというと、2手先、3手先といった先を読んだ思考をする点です。現在の状況に対して次の自分の一手はこれが有効だ、という回答を出すことはもちろん、自分がその手を打った場合、相手は次の手でこう返すだろう、そうしたら「次の次」の手ではどう返すべきか、という先読みを行った上で最適な回答を出します。次の一手だけでもたくさんの選択肢があるのに、更に次の手を先読みして推理するとその数はネズミ算式に増えていきます。それでもそれを推理して最良の一手を導き出すのです。

この章では、開発チームの「Google DeepMind」とその技術「ディープラーニング」についてもう少し掘り下げたいと思います。それには、「ニューラルネットワーク」が注目されるきっかけとなった出来事「**Google の猫**」についても次項で触れておきたいと思います。

1-6　AlphaGo が強力な囲碁 AI になるまで

AlphaGo が強力な囲碁 AI になるまで

囲碁対局サイトにある3000万手を読み込み

例を取って人間が次の手を教える

得点(報酬)を教える

3000万手を自律的に学習

コンピュータ同士で対戦

対戦データを蓄積して学習

3000万局を学習

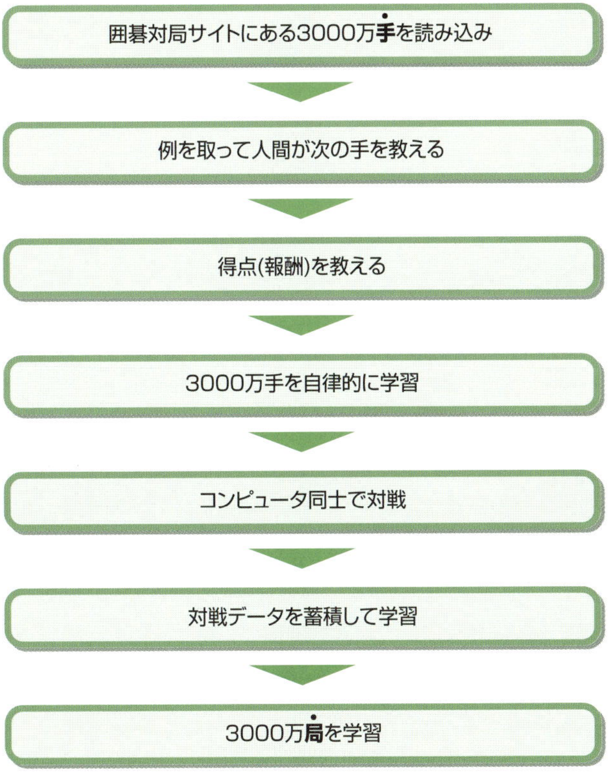

1-7
人工知能ブームとGoogleの猫

人工知能「AI」（Artificial Intelligence）の研究はこれまで、二度のブーム（黄金期）を迎えながらも、残念ながら社会を変えるような具体的な成果を得られぬまま、下火になった歴史があります。

▶▶ 消えた二度のブーム

第一次ブームは1957年、心理学者・計算機科学者のフランク・ローゼンブラット氏によって視覚と脳の機能をモデル化した「パーセプトロン」までさかのぼります。パーセプトロンによって脳神経細胞を擬似的に再現する人工ニューロン／形式ニューロンの考え方が確立され、現在の機械学習の基礎ができました。

しかし、効果のある用途が限定的だったことや、いくつかの問題点が指摘されたことなどによってブームは終わります。第二次ブームは1980年代、「エキスパートシステム」の台頭により、人工知能ブームが再燃します。1982年、日本では当時の通商産業省（現経済産業省）が国家プロジェクトとして「第5世代コンピュータ」の開発を推進し、人間を超える人工知能を目指して520億円もの助成金が拠出されましたが、目標達成や実用化には至らず、1992年にプロジェクトは終了し、ブームも終わりました。

▶▶ 「猫」によるブームの再来

そして、最近のAIブームとも言える現象が一気に加速したきっかけとなったのは「ニューラルネットワーク」や「ディープラーニング」の進歩です。しかし、人間を超える人工知能などではなく、機械学習という人工知能に関連する技術が実用化に向けて前進したからです。そしてそれは「Googleの猫」からはじまりました。

▶▶ 「Googleの猫」の意味

2012年に一枚の猫の顔のような画像がネット上で話題になりました。米Googleの研究チーム「Google X Labs」（当時）が「機械学習技術」に関してあ

1-7 人工知能ブームと Google の猫

る研究成果とともに発表した画像です。

　Googleの発表によると、ウェブやYouTubeにある膨大な画像データをとあるAIシステムに与えて、一週間自律的に学習させた結果、コンピュータがネコの存在を学習したということでした。このニュースを聞いて、多くの人が当初は画像認識技術の話をしているのだと思いました。Googleは検索エンジンの企業として有名なので、画像検索技術の研究にも注力しています。だから多くの人は、ネコの画像を検索キーとして入力すると、システムはその画像の特徴を解析し、膨大な画像の中から同様のネコの画像を瞬時に識別できるようになったのか、と勘違いしたのです。

　画像認識精度が向上するという点では的外れとは言えないのですが、このニュースの本質は、人間が検索キーとなるネコの画像を与えたのではなく、膨大な画像の中からコンピュータがネコという存在自体を発見し、容姿を特定し、猫そのものを判別できるように学習したということでした。ピンと来ないでしょうか？　人間は親や先生や友人等から多くのものの存在を学びますが、自分でみつけたものも多いと思います。「これが猫だよ。猫っていうのはね……」と誰かに教えてもらったかもしれませんが、身の回りに猫がいてその存在と特徴に自分で気づき、それは「猫」と呼ばれる生き物なんだ、と学んだ人もいるかもしれません。後者のようなことがコンピュータに起こったのです。

　これは専門的には「**Self-taught Learning**」と呼ばれるものです。「Self-taught」を直訳すれば「独学」ですから、「**自己教示学習**」等と訳されています。「人工ニューラルネットワーク」（Artificial Neural Network：ANN）のひとつとして、神経回路網の学習プロセスをコンピュ　タで再現するために研究されていたものです。

　Googleはその研究のひとつの成果を、一般の人たちにも理解できる例として公表したのでした（人工ニューラルネットワークとディープラーニング等、最新のAI技術については第3章で詳しく解説します）。

　この発表は、ある意味で停滞していた人工知能技術を進展させる出来事でした。そして人工知能が急速に注目されるに連れて、「すごい」と感じる人と「恐ろしい」と感じる人が出て来ました。

1-7　人工知能ブームとGoogleの猫

　人間は「AI」に対してある種の恐れや嫌悪感を感じることがあります。その最も大きな理由は人類が理解できないレベルの知能をAIが自律的に持つかもしれないという不安から来ています。人類の言うとおりに忠実に動くコンピュータならどんどん進化して欲しいと思う反面、支配下におけないコンピュータには恐れを抱き、自律的に学習するものはいつか人間が支配できない領域に達してしまうのではないか、という不安を感じるのです。

　「自律的」というのがニューラルネットワークの要である反面、その言葉が不安を増長させることもあります。

Googleの猫

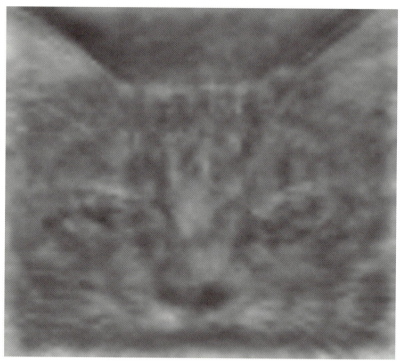

Google X Labsが「ディープラーニングでAIが学んだ」と発表した猫の画像

（出典　2012年6月26日付のグーグル公式ブログ）

1-8

画像認識コンテスト「ILSVRC」でディープラーニングが圧勝

郵便番号を自動で認識することができないだろうか。
そんな疑問がきっかけで 1989 年に多層のニューラルネットワークを開発したのが、ディープラーニングの始まりと言われています。

▶▶ 2012 年、トロント大学の成果

それほど昔に登場したにもかかわらず、実用化されなかった理由は、ディープラーニングで機械学習を行うために必要な膨大な訓練データが用意できなかったことが挙げられます。また、ディープラーニング特有の問題「過学習」を解決する効果的な手段が実証できなかったこともあります。

しかし、技術者がディープラーニングの強力な効果を目の当たりにしたのが、スタンフォード大学の「ImageNet」が毎年主催している画像認識精度を競うコンテスト「ILSVRC」(ImageNet Large Scale Visual Recognition Challenge)でした。このコンテストは、約200カテゴリに分類された多数の画像が出題され、画像に写っているものが何かをコンピュータが認識し、最も低いエラー率を記録したものが勝者となるコンテストです。

2012年、このILSVRCにおいて、エラー率で2位以下を10%以上も引き離して優勝したのがトロント大学の**ジェフリー・ヒントン**教授率いるチーム「スーパービジョン」でした。従来は約26%程度のエラー率だったところ、ディープラーニングを採用したスーパービジョンはエラー率17%と、圧倒的な強さを見せたのです。認知心理学の研究者であり、ニューラルネットワークの権威であるヒントン氏とチームがなし得た功績は、人工知能の研究者や機械学習の開発エンジニアを奮い立たせました。以来、画像認識に限らず、様々な認識分野でディープラーニングは優秀な結果を見せています。

第1章 AI関連技術の最前線〜過去から未来までの系譜

ちなみに、ヒントン氏はニューラルネットワークのバックプロパゲーション（第3章で用語解説します）、オートエンコーダ、ボルツマンマシンなど最新の技術研究で知られています。Googleはヒントン氏を招聘し、同氏はスタンフォード大学のアンドリュー・エン（Andrew Ng）教授らとともに、最先端のAI技術を研究しました。エン教授は「Googleの猫」の共同研究を主導した人物です（エン教授はその後Googleを退社）。

 Googleはこれらの AI 関連技術の研究成果を「OK Google」でお馴染みの Android 音声アシスタントでの音声認識「Google Now」やGoogle 検索、Google フォト、SNSでアップした人物画像の自動識別と分類等に役立たせています。

ジェフリー・ヒントン教授

（出典 http://www.cs.toronto.edu/~hinton/）

1-9

DeepMindと
ゲーム用自律学習型汎用AI

2016年3月の世紀の囲碁対戦の名は「Google DeepMind Challenge
Match」。Googleは、2010年に起業したDeepMind Technologies社を
2014年に約750億円で買収し、「Google DeepMind」（ディープマインド）と
改名しました。Googleのニューラルネットワークの研究・開発部門です。

▶▶ きっかけはDQN

　ディープマインド社は前述のデミス・ハサビス氏（2016年4月現在CEO）が、
ケンブリッジ大学を経て2011年に企業したベンチャー企業です。少年期に既に
チェスの天才とうたわれていました。そして同社が研究開発した人工知能「**DQN**」
が2015年に大きな話題となり、続けて2016年、ついに囲碁で達人を破って歴
史に名前を刻みました。

　話題になったきっかけは、2015年2月、科学誌『ネイチャー』に発表された
論文で、「DQN」に関する詳細な研究結果でした。最も大きく注目された点は、
Google X Labsの時と同様に、人間が教えることなくコンピュータが自律学習し
て賢くなっていく点です。　ただ、Google Xが画像認識で証明したのに対して、
DQNの場合はテレビゲームでそれを証明しました。

　米国アタリ社が開発した家庭用ゲーム機「Atari 2600」は昔から人気のある
ゲーム機として知られ、日本でも知られている「ブロック崩し」や「パックマン」
が含まれます。論文はその49種類をDQNにプレイさせ続け、上達を観察して記
録したものです。ゲームによって成果は異なりましたが、多くの場合は人間の上
級者より数日でうまくプレイできるようになったと言います。どのように学習して
いったのでしょうか。DQNがブロックくずしゲームに挑戦した様子もデモンスト
レーションで紹介され、その経緯も公開されました。

第1章
AI関連技術の最前線〜過去から未来までの系譜

人間のように学ぶ DQN

　DQNは、最初は何度も失敗しつつ、やがてボールを打ち返せば得点が加算されることを学習します。「報酬」を理解したのです。打ち返せば正解と学習したDQNは、打ち返すように努力を重ねるうちに上達を見せはじめ、200回のプレイを行ううちに打ち返す確率は34%にまで向上、300回の対戦では上級者の技量を超えるようになりました。そして、400回を超えると最初にブロック群に細い穴をあけて、ボールをその中に通して逆側からくずしていくと高得点であることを学習、上級者の得点をはるかに凌ぐ高得点を記録するようになったのです。

　ブロック崩しゲームのように単純で正確性が得点を左右するものなら、人間よりコンピュータの方が上達したと言われて頷く人も多いかもしれません。しかし、更に驚きだったのは、DQNはブロックくずし専用にプログラミングされたものではなく、ゲーム全般を対象に「汎用的」に開発されたものだったこと、DQNにはブロック崩しのルールすら教えていなかったにも関わらずこれを達成した、ということなのです。

　この話を聞いて、筆者が最初にブロック崩しゲームを見たときの経験を思い出しました。学生の頃、友人グループで長野県に旅行に行った私たちは、史跡観光にすぐに飽きてしまい、あまりすることもなくて喫茶店に入りました。そのとき座ったガラステーブルの下に埋め込まれていたのがブロック崩しゲームでした。操作方法も書かれていません。それでも暇つぶしに100円を入れ、小さなハンドルを回してボールを打ち返しながらルールを理解しました。また、崩したブロックの場所や崩す順序によって得られる得点が異なることを不思議に思いながらも、友人達で高得点を争って何度もプレイして遊んだのです。DQNは、まるでそのときの自分たちと同様に、試行錯誤をしながらゲームのルールと攻略方法を自律的に学んでいったのです。

　そしてこの発表をきっかけにDQNで利用されている技術「機械学習」と「ディープラーニング」「強化学習」等が一般にも大きく注目されるようになったのです。

1-9　DeepMindとゲーム用自律学習型汎用AI

ディープマインドの共同創業者

CEOの
デミス・ハサビス
(Demis Hassabis)氏

応用AIの責任者、
ムスタファ・スレイマン
(Mustafa Suleyman)氏

チーフ・サイエンティストの
シェイン・レッグ
(Shane Legg)氏

（出典　Google DeepMind Press Kit - January 2016）

1-10

パターンマッチングと識別 AI

インターネットの検索サイトを利用するキーワード検索では、ユーザが入力したワードに合致（マッチ）した文字情報が含まれるホームページやサイトがあれば、検索結果として表示されます。最近では、ユーザの誤字を考慮したり、似たような文字で検索した結果を候補として表示する機能もありますが、基本的にはパターンマッチング（パターン認識）の技術を利用しています。

▶▶ 指紋認証・顔認識も

iPhoneやAndroidスマートフォンを起動する際に**指紋認証**機能を使っている人も多いでしょう。あれは典型的なパターンマッチング技術のひとつです。

また、スマートフォンのカメラ機能やデジタルカメラの多くの機種には「**顔認識**」機能が搭載されています。カメラには自動でピントを合わせる「オートフォーカス」という機能がありますが、初期のオートフォーカスはファインダーに写るフレーム画像の中心部にピントを合わせるというものでした。しかし、一般にスナップ写真を撮る場合、人を被写体にする場合が多く、その際には被写体である人の顔が明るくクッキリ鮮明に写ることが求められます。人がフレームの端にいたから背景にピントが合ったというのではインテリジェンスを感じません。

そこで、カメラはフレームの中のライブ画像の中から顔を検知し、人がフレームの中心にいても端にいても、そこにフォーカスを合わせたり、明るさを調整する技術を搭載するようになったのです。あるカメラの場合、顔かどうかを判別するのに、まずは目や鼻のパターンがあるかを判別します。目や鼻があれば顔の輪郭を特定して、顔であると識別します。顔認識するためには実際に多数のパターンの顔画像を読み込ませ、識別プログラム（アルゴリズム）を作って学習させます。

▶▶ 写っているのは？

この技術が更に進むと、顔があるかどうかの認識だけでなく、写っているのが誰かを識別することができるようになります。

1-10 パターンマッチングと識別 AI

用途として、顔の画像をキーにしてセキュリティロックと開錠が可能になります。パソコンやスマートフォンにログインする際、顔の識別をつかうモデルが既にありますし、長崎のハウステンボスに隣接する「変なホテル」では受付で顔をスキャンしてそれがルームキーとなります。ロボットが自分の前に立っている人が誰かを認識する機能としても利用されています。

　しくみとしては、予め本人の顔を撮影して登録しておきます。目鼻のバランスや形状等の違いから識別し、人物の中から個人を特定する特徴をパターンとして保存しておきます。認証を求めてきた顔が登録されている顔の特徴と一致すれば同一人物として判断するのです。
　これらを開発するには、識別する基準を作り、たくさんの訓練用データを読み込ませ、判定のプログラム（アルゴリズム）を作る必要があり、そのしくみの段階で特徴を人間が定義してプログラミングするのがルールベースの識別機能で、人工知能の関連技術を必ずしも使わなくても実現はできました。しかし、ニューラルネットワークやディープラーニングなどの機械学習を使って訓練すると、これらの認識率が大きく向上することがわかって来ました。また、様々なコンテストや実証実験がそれを証明しているのです。

▶▶ コンピュータ自ら学習し、プログラムを組む

　Googleの猫を発表したGoogle X Labsが使った人工ニューラルネットワークの技術や、DeepMindのディープラーニングを使うと、判定プログラムをコンピュータが自分で学習し、生成していくことができるとしています。技術者の手作業による高度なプログラミングを必要とせず、自ら学習して賢くなっていくという点が驚愕だったのです。
　当時の同社の発表によると、通常の人工ニューラルネットワークでは100万〜1000万の接続ポイント（ノード）が用いられていますが、Googleが発表したこのネットワークでは10億以上の接続ポイントがあるとされています。しかし、脳の神経経路は約100兆個であるという説もあるため、脳に近づけるには更に大規模なネットワークを構築することが必要と考えられています。その意味でも人間の脳には遠く及ばず、知能と呼べるものが生まれているのかどうかも曖昧ですが、

第1章 AI 関連技術の最前線〜過去から未来までの系譜

33

1-10 パターンマッチングと識別AI

ルールベースからニューラルネットワークの導入へと移行することで、コンピュータのできることが飛躍的に進歩すると期待されているのです。

パターンマッチングの応用例

　　(1)指紋認証　　　　　　(2)顔認識

1-11

強い AI と弱い AI

ここまでの話で、「人工知能」という言葉には二種類あることに気付いたでしょうか。これから人工知能や、人工知能のビジネス利用について勉強する人にとって、この違いはとても重要です。その二種類は「強い AI」と「弱い AI」です。カリフォルニア大学バークレー校のジョン・サール教授が提唱しました。

▶▶ 二つの立場

　人工知能にはいろいろな解釈がありますが「人間と同様の知能をコンピュータ等の機械で実現するためのしくみや技術」を言います。英語では「Artificial Intelligence」で、略称の「**AI**」が知られています。「Artificial」は「人工的な」という日本語訳の他に、「模造の」「偽りの」という訳もあります。これは今のAIが、（良い意味で）あくまで似せて作られている模造した知能であることを暗示しているとも言えるでしょう。

　一般社団法人人工知能学会は、ホームページで解説している「What's AI」の冒頭で「人工知能は『まるで人間のようにふるまう機械』を想像しますが、これは正しいとも間違っているともいえます。人工知能の研究には二つの立場があって、一つは人間の知能そのものをもつ機械を作ろうとする立場、もう一つは人間が知能を使ってすることを機械にさせようとする立場」と言っています。

▶▶ 「強い」は「汎用的」の意味

　ニュースや記事などで「人工知能と聞いて何を思い浮かべるか」という設問をよく目にします。近未来を描いた映画やコミックでは人工知能がしばしば登場します。映画「2001年宇宙の旅」で宇宙船に搭載されていたコンピュータ「HAL（ハル）9000」でしょうか。それともターミネータに登場する「スカイネット」でしょうか。いずれにしても欧米の映画では人工知能によって人間社会が脅かされるというテーマのものが多く、人工知能を危険視する意見が多いと思いますが、これら

第1章　AI関連技術の最前線〜過去から未来までの系譜

35

はいわゆる「**強いAI**」に該当します。強いというのは「**汎用的な知能**」を意味しています。人間がいろいろな場面や状況に応じて対応できるように、コンピュータが様々な分野や状況において人間と同様に振る舞える知能を持ったものが「強いAI」に分類されます。強いAIは「人工汎用知能」や「**AGI**」(Artificial General Intelligence) と呼ばれ、会話やニュース等で「AI」ではなくあえて「AGI」と呼称している場合はこれを指しています。

　多くの人工知能研究者はこれを目指しているものの、実現にはまだまだほど遠く、知能をコンピュータで実現するために、いろいろな能力の計算モデル化を試行錯誤している段階で、その結果、コンピュータが可能なある作業に限って、知的に振る舞っているように見えるようなったに過ぎません。

▶▶ 「弱いAI」とは？

　最近、ニュースや報道で話題になり、ビジネスに導入されたり、実用化が進められたりしているのは「**弱いAI**」です。

　「人工知能の導入」「人工知能の実用化」というニュースの見出しを見ると、仕事を完璧にこなすコンピュータが導入されたように錯覚してしまいますが、やがて強いAIを実現するための基礎技術がシステムに導入されたことを示しています。例えば、画像認識処理にディープラーニングの技術を使うと、「人工知能で画像を高い確率で認識」といった表現が使われることがありますが、ディープラーニング自体は人工知能ではありません。本書では「人工知能関連技術」と呼んでいますが、人工知能そのものが導入されたわけではなく、強いAIを実現する上で研究されてきた技術が使われている、と表現するのが正しいのです。

　次の図は、普通のコンピュータソフトウェアよりは人の脳に近く、学習や推論、認識などを行うのが「弱いAI」、それが集積されてコンピュータ上で脳を再現するのが「強いAI」であり、それは人間の脳に極めて近いことを示しています。

1-11　強いAIと弱いAI

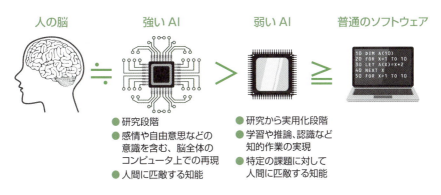

人の脳とAIの汎用性についての比較

出典　総務省『平成26年版情報通信白書に掲載している調査』から「ICT先端技術に関する調査研究」（株式会社KDDI総研作成）に基づいて作図

▶▶ 実用化の途上

　とは言え、AIでなくてもディープラーニングの能力は評価され、成果を上げ始めています。しかも、人工知能関連技術に対して、多くの研究機関や企業が資金をかけ、競って取り組みを始めると、技術は一気に大きく進歩することもあります。

　これら人工知能関連技術は既に実用的な領域に入っています。例えば、1990年代のチェス専用に開発された前述のIBMのディープ・ブルーの基礎技術。いま例として挙げたGoogle DeepMindの「AlphaGo」で話題になったディープラーニング。iPhoneの「Siri」、Androidの「OK Google」、ソフトバンクのロボット「Pepper」、テストが開始されている自動運転車など、さまざまなシーンで導入がはじまっています。ビジネス分野では「弱いAI」や「人工知能関連技術」が急速に拡がりを見せていて、今、勉強しておかなくては出遅れてしまうのではないか、と感じるほどです。

　ちなみにAGI、汎用型人工知能の実現にはほど遠いと解説しましたが、ほんの少しずつですが近付いていることも知っておきたいところです。

　かつてアメリカのクイズ番組で人間のクイズ王を破ったコンピュータ「IBM Watson」は日常会話の技術が進歩し、人間の会話を理解することで汎用的な能

1-11 強いAIと弱いAI

力を持とうとしています。IBMは「強いAI」ではなく、万能型でもないため、IBM Watsonを人工知能とは決して呼びません。一貫して「コグニティブ・システム」と呼称しています。「全知全能のWatsonが存在するわけではなく、業務に特化した専門的なWatsonを導入し、学習させることによって実用的になる」としています。まさに正論ですが、いま最もAGIに近いコンピュータはIBM Watsonと言えるでしょう（IBM Watsonについてはこの後の章で詳細に解説します）。

また、「AlphaGo」の基本システムであるGoogle DeepMindの「DQN」（deep Q-network）はブロック崩しやスペースインベーダ等、他のビデオゲームもこなします。その意味ではゲーム専用ではあるものの、汎用的にゲームをこなすとも言え、汎用的な方向に活用の幅を拡げているとも言えるでしょう。

次の表は、人工知能を実現するための研究分野や要素技術が「弱いAI」として、ビジネスや社会での実用化が急速にはじまっていることを示しています。

人工知能関連技術

ゲーム	エキスパート・システム	情報検索
ヒューマンインターフェース	音声認識	データマイニング
画像認識	ニューラルネットワーク	ロボット
感性処理	自然言語理解	マルチ・エージェント
推論	探索	プランニング
知識表現	機械学習	遺伝アルゴリズム

出典　総務省『平成26年版情報通信白書に掲載している調査』から
「ICT先端技術に関する調査研究」（株式会社KDDI総研作成）に基づいて作図

1-12

チューリングテスト

強い AI の視点から見て、コンピュータはどれくらい人間に近付いたのでしょうか。それを測るひとつの指標とも言えるのが「チューリングテスト」です。1950 年にアラン・チューリング博士が考案し、機械が知的かどうかを判定するテストで、人間と区別できないほど自然に、機械が対話等の知的な振る舞いができるかどうかが問われます。

▶▶ 「人間に近いか」を測る尺度

　チューリングテストでは、1人の人間と1基の機械（コンピュータ）に対して、審査員が自然言語のテキスト文字で対話を行います。それぞれは相手の姿が見えないようにして、いくつかの質問と回答を行って、審査員はどちらが人間かを判定します。確実に区別できなかったと判断された場合（30%以上の判定者が区別できなかった場合等）に合格となります。

　開発者の視点で見れば、多くの審査員に人間だと思い込ませる機械を作る、ということが目標です。審査員はどんな内容を質問しても構いませんし、物語や音楽の感想を聞くなど、意見を求めることもできます。

1-12 チューリングテスト

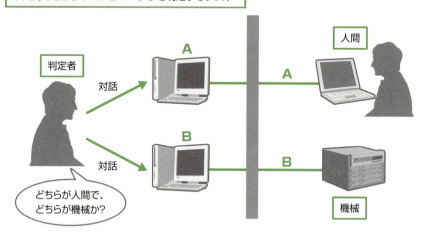

チューリングテストに関わる代表例として2つのシステムが知られています。1966年に発表された「ELIZA」（イライザ）と1972年に発表された「PARRY」（パリー）です。

ジョセフ・ワイゼンバウム氏によって発表されたELIZAは、当時のコンピュータの性能は高くないこともあって、できることは限られていました。そこでルールベースの回答を基本にしたシステムを作ります。質問の内容をワード分析し、機械にとって既知のワードがあればそれについて回答しますが、わからないことについては「その質問は重要ですか」など、人間が日常でよく使う受け流しで返すことで人間らしさを演出しました。これは心理療法のセラピストの受け応えを参考にしたとも言われています。

ELIZAとPARRYはチューリングテストに合格したわけではありませんが、それぞれ30%、50%弱の判定者が判断を誤ったことから、やがて近い将来、テストに合格する機械が登場すると言われて来ました。チューリングテストによって試されるのは「人間らしい振るまい」なので、すべての質問に正解で回答する必要

はなく（人間であってもできるとは限らないし、質問に正解のない種類のものも多い）、人間を模倣する技術や話術が重要になります。

▶▶ チャットボットなのか？

このチューリングテストに初めて合格した機械はロシアのウラジミール・ベセロフ氏とウクライナのユージーン・デムチェンコ氏が開発したスーパーコンピュータ「Eugene」（ユージーン）。「ウクライナ在住の13歳の少年」という設定で挑戦しました。チューリング博士の没後60周年の2014年に英レディング大学で開催された「Turing Test 2014」において5分間のチューリングテストが実施され、33％の判定者から機械とは判別できず、初の合格者とされました。

Eugeneはインターネット上で公開され、テキスト会話ができるホームページが期間限定で用意されていました。

「チャットボット」と批判されたユージーン

出典　レイ・カーツワイル（Ray Kurzweil）氏のサイト「Ask Ray」（2014年6月10日）から

一方で、「シンギュラリティ」を唱えたレイ・カーツワイル氏をはじめとして一部の識者がこの合格に対して異論を唱えました。その理由として、「ウクライナ在住の13歳の少年」という設定のため英語が堪能でないという前提がある、試験時間が5分間では短すぎる、実際にインターネットでEugeneと対話したが会話を追従していなかった、などを挙げ、Eugeneはコンピュータではなくただの「**チャットボット**」だとしています。

1-12 チューリングテスト

　人工知能研究の視点で見ると、チャットボットは知性を持っているとまでは言えず、理解できない内容の質問に対しては、はぐらかして回答をすることで人間らしく見せる技法を使うだけだという意見をよく耳にします。

　その一方で、チャットボットには社会を変えるインパクトがあると言う人もいます。2016年4月にサンフランシスコで開催されたFacebook開発者向けカンファレンス「F8」においてFacebook社のCEOマーク・ザッカーバーグ氏は「Bots for the Messenger Platform」を発表し、チャットボットによる可能性を大きく打ち出し、ビジネスIT業界では注目のキーワードに躍り出ています（チャットボットは第2章で解説します）。

中国語の部屋

　チューリングテストは知能がある機械かどうかを判定するテストですが、これに合格したとしても知能があるとは言えないと反論する識者もいます。哲学者であるジョン・サール氏が1980年に論文で発表した「中国語の部屋」もそのひとつです。

　英語のみ話す人を部屋に閉じ込めます。その部屋には紙をやり取りできる小窓があって、外部から中国語で文章を書いた紙を小窓から投入すると、やがて部屋からは中国語で書かれた文字が返されるとします。これで中国語による会話は成立しているかのように見えますが、部屋の中には中国語がわかる人は存在せず、小窓から投入された文字を見て、それに対する中国語の返答が完璧に記述されたマニュアルを見ながら書いて返しているなら、それは中国語を理解しているとは言えないし、知能を測る行為とは言えないという主旨の反論です。この中国語の部屋に対する反論も起こっていますが、本書ではそういう視点もあるという紹介にとどめておきます。

　ちなみにジョン・サール氏は前述の「強いAI、弱いAI」というワードを唱えたことでも知られています。

1-13
シンギュラリティ（技術的特異点）

人間の脳に代替できるような知的な汎用型人工知能の登場は、まだまだ先の未来の話です。では、それはいつ頃なのか。
それを暗示しているのが「シンギュラリティ」というキーワードです。

▶▶ 人工知能はいつ人間を超えるのか？

「**シンギュラリティ**」という単語自体は10年以上前から使われていますが、人工知能ブームが再来し、Pepperのように人工知能技術を採用した大きなコミュニケーションロボットの誕生、AlphaGoによる勝利など、人工知能に関するニュースを目にするにつけ、次第に現実味を帯び、注目度が増してきました。

シンギュラリティ（Technological Singularity）は、日本語では「**技術的特異点**」と呼ばれます。人工知能が人間の知能を超えることにより社会的に大きな変化が起こり、後戻りができない世界に変革してしまう時期のことです。言い換えれば、人間の知能を超えた強いAIが登場すると、世の中のしくみは大きく変わるとともに、人間にはそれより先の技術的進歩を予測することができない世界が訪れるという予言で、その時がシンギュラリティです。

人工知能研究の世界的権威として知られる、発明家で未来学者である**レイ・カーツワイル**氏が2005年に執筆した著書『The Singularity Is Near：When Humans Transcend Biology』（シンギュラリティは近い／人類が生命を超越するとき）の中で多くの未来予測とともにシンギュラリティは詳しく解説されています。

未来予測の多くは、脳をスキャンしてデジタル化したり、ナノロボットの進化によって内臓が不要になったり、寿命が飛躍的に伸びて死ぬことすらなくなるかもしれない、遺伝子を制御することで肥満がなくなるなど、SF映画の題材として使われていそうなものも多く並んでいます。そのため10年以上前に発表された当時は、シンギュラリティも現実的な話として受け止める人がごく一部に限られていま

した。しかし、カーツワイル氏が2012年に米Googleに入社してAI開発の総指揮をとり、大脳新皮質のシミュレータ「Neocortex Simulator」の開発に取り組むことが発表されると、世間の見方も変わってきました。

　更に、ニュース記事のインタビューに対して、カーツワイル氏は「人間のように会話して複雑な質問を理解したり、意図をくみ取る検索エンジンが数年以内に登場する」と発言し、検索エンジンという現実の技術開発に応用される可能性が示唆されると、現実味は大きく向上することとなりました。

▶▶ 2045年問題

　著書のタイトルにも使われているシンギュラリティですが、人間と同様の知能を持った強いAIが生まれると、いったいどうして人間社会が変わってしまうのでしょうか。それは、こういう理由からです。

　ひとたび人間と同様の知能を持ったAGIが生み出されると、すぐにその後、AGIは人類の知能を超える進化を遂げるだろう。そのAGI自身がより強いAGIを生みだすという連鎖が起こりはじめると、その時はもはや人類が制御できない領域に達する、というものです。AGIが人類の知能を超えた時点でもはや人類ではAGIを制御できなくなるということです。そしてそれは2045年頃までにやってくると予想していることから「2045年問題」と呼ばれることもあります。

　強いAIを作るのも人間なら、それを使うのも人間です。

　シンギュラリティが訪れるかどうかに関わらず、かつてクローン羊が発表されたときに、クローン人間を作らないよう法整備に動いたのと同様、現在の人工知能が加速度的に進化して強いAIに近付く前に、開発を含めてAI利用に対する議論を行い、ルールや法整備を行う必要は感じます。

1-13 シンギュラリティ（技術的特異点）

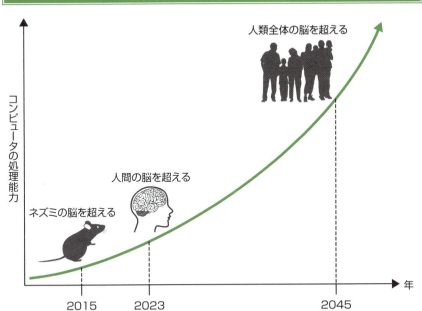

1-14
トランジスタが人間の脳を超えるとき

コンピュータが人間の脳に少しずつ近付いていて、それによって社会が大きく変わる可能性があることをソフトバンクグループの孫正義氏も、能力と情報量の2点から唱えています。

▶▶ ムーアの法則

2010年、ソフトバンクの株主総会でのこと。グループ代表の孫正義氏は、創立30年を迎えるにあたり、次の30年間について考える「新30年ビジョン」の講演を行っています。その講演によれば、人類はかつて経験したことのない人類を超えるもの「脳型コンピュータ」の実用化を迎える可能性があると言います。脳型コンピュータは電子回路で人間の脳をつくろうというもので、実用化に向けた研究は以前から進められています。

孫氏はプレゼンテーションの中で「**ムーアの法則**」に触れ、それに基づいて計算をすると「2018年にマイクロプロセッサ（ICチップ）に入るトランジスタの数が300億個に達し、人間の大脳にある脳細胞の数を超える」という試算を紹介しています。

「ムーアの法則」とは、1965年にインテルの共同創業者であるゴードン・ムーア氏が経験則に基づいて発表した論文が元になっている、IT業界では有名な法則です。パソコンの頭脳である「CPU」の処理速度は年々高速になっていますが、マイクロプロセッサは18～24ヶ月ごとに2倍の性能に進化するという内容です。

ICチップの内部はトランジスタ（半導体素子）で構成されていて、その個数が性能に大きく影響します。その法則によれば、トランジスタの集積密度は24ヶ月ごとに倍増していく（18ヶ月ごとという説もあります）としています。この法則は広く支持されていますが、それは実際にほぼその通り推移してきて、「性能向上」で見れば1.5～2年ごとに概ね2倍になっているためです。講演で孫氏は、これ

1-14 トランジスタが人間の脳を超えるとき

までのトランジスタ性能の推移に触れ、次の図のように、100年で3500兆倍に高速化されていることを指摘しています。

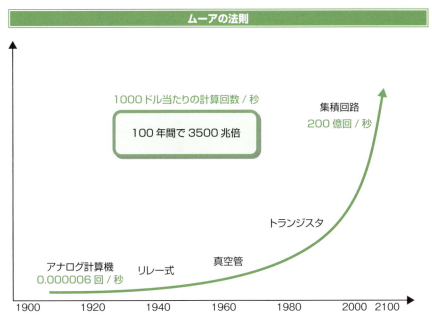

出典　ソフトバンクグループ「新30年ビジョン」プレゼンテーション資料

▶▶ 脳とトランジスタ

　コンピュータのトランジスタの数と人間の脳の性能を比較することが可能なのか、意味があるのかと疑問に思うかもしれません。実は人間の脳とマイクロプロセッサのトランジスタのしくみは非常に似ています。

　マイクロプロセッサのトランジスタはスイッチの役割をしています（ほかに信号を増幅する働きもあります）。ひとつひとつのトランジスタの役割はオンとオフの切り替えという単純なものですが、これが膨大な数で構成されると演算や制御といったさまざまなことが可能になります。コンピュータの複雑な計算や作業はすべて「2進数」で処理されていることは一般にも知られていますが、2進数とは「0」か「1」で、トランジスタのオンかオフかということと同じです。コンピュータの

1-14　トランジスタが人間の脳を超えるとき

処理能力が年々高速化している理由のひとつは、技術の進歩によってトランジスタの集積度が上がり、その数が年々増加していることによります。

　パソコンのマイクロプロセッサで有名な米インテル社によると、1971年に発表した「4004マイクロプロセッサ」はトランジスタの数がたったの2,300個でしたが、約35年以上という年月を経て2008年に発表した「4つの実行コアを搭載したこのとき最新のインテル Core i7 プロセッサ」（パソコンに詳しい人にはお馴染みのCPU）では、7億7400万個にまで増大しています。計算するとこの間、トランジスタの数が約25カ月ごとに2倍の割合で増えてきていることになり、これは「ムーアの法則」がほぼ正しいことを表している」としています。

　そして人間の脳もまた、スイッチのオン／オフで繋がる脳神経細胞（**ニューロン**）で構成されています。
　人間の大脳には神経細胞があります。その数は諸説ありますが、100億個超とも約300億個とも言われています。それぞれの神経細胞には間隔があって**情報伝達物質**を伝わって信号が伝えられ、ものごとを考えたり、覚えたり思い出したり、いわゆる脳の機能が行われています。脳の「**シナプス**」という言葉を聞いたことがあると思いますが、その伝達部分や構造そのものがシナプスで、神経細胞を接続する役割を持っています。
　神経細胞はシナプスが離れた状態でオフ、シナプスがくっつくことで情報の伝達をオンにして処理をしています。すなわち脳とコンピュータ（マイクロプロセッサ）はスイッチのオン／オフ、いわば2進法と同じしくみで基本的な処理をしているといえるのです。だからこそコンピュータで人間の脳を作るという突拍子もないような発想は決して絵空事ではないのです。

　こうした理由から、脳の神経細胞の数とマイクロチップのトランジスタの数の比較は意味のないこととは言えません。ムーアの法則でトランジスタの数が増え続けたとすると、やがてその数は大脳の神経細胞の数を超える日がやってきます。孫氏の計算によると、次に示す図のように、それは2018年だと言います。

1-14 トランジスタが人間の脳を超えるとき

　実際にはそれが2020年であったり、2030年であったりしても、ここでは大きな問題ではありません。要は単純計算上で、人間の脳とコンピュータの脳の能力は既に近いところまで来ているということなのです。

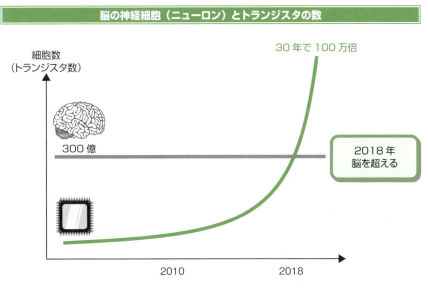

出典　ソフトバンクグループ「新30年ビジョン」プレゼンテーション資料

1-15

感情を持ったロボットの登場

「新30年ビジョン」や「脳型コンピュータへの移行」の発想から、ソフトバンクのロボット「Pepper」(ペッパー) は誕生しました。Pepperは高さ約120cm、小学生くらいの身長のロボットです。現在は、受付、介護、PR、イベントなどを中心に、ビジネス分野でも幅広く活用されはじめています。

▶▶ Pepperの誕生

今までロボットと言うと産業用ロボットが中心で、正確に精密に迅速に作業をこなすことで役立つものが圧倒的に多かったのですが、Pepperはそれらの機能は全く持ち合わせていません。その代わり、人と会話をし、人に情報や安らぎを提供することに特化した機能を持っています。

▶▶ 感情認識エンジンと感情生成エンジン

Pepperには、他のロボットにはあまり類を見ない機能が搭載されています。それは「**感情認識エンジン**」と「**感情エンジン**」(感情生成エンジン) です。

感情認識エンジンは相手の表情や声から感情を読み取る機能です。

ビジネス用途では、ある情報を提供したら嬉しそうだったから更に詳しい情報を提供するとか、この情報は退屈そうに聞いているから別の情報に切り換える、といった個人の反応に合わせた情報提供ができます。一般向け (家庭用) Pepperでは、家族が悲しそうにしているときには勇気づけ、楽しそうにしている時にはみんなで写真を撮ろうと言って盛り上げる、そんなことにも応用できます。

もうひとつの「感情エンジン」はPepper自身の感情を左右する機能です。

ビジネス分野向けのPepperではあえて「感情エンジン」は使われていませんが、一般販売向けPepperは、あまり構ってあげないと不機嫌になったり、落ち込んだり、家族が笑っていると自分も楽しい気分になったりと、感情を共有することも可

1-15 感情を持ったロボットの登場

能です。

　これを開発したソフトバンクグループのcocoroSBでは、人工知能が「大脳皮質系の万能型」であるのに対して、人間のように感情をコンピュータによって再現することは「大脳辺縁系の感情学習型」「人工感性知能」と呼んでいます。この技術もまた、人間の脳を数値モデルやアルゴリズムに置き換えるAI技術のひとつとして注目されています。

世界初！　感情を持ったロボット

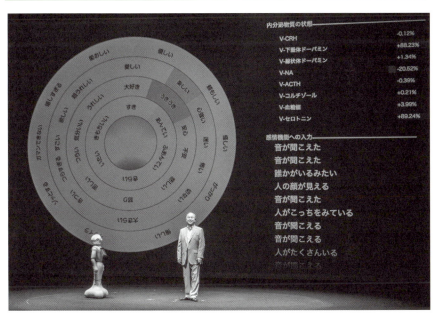

世界で初めて感情を持ったロボット「Pepper」の感情エンジンを紹介する
ソフトバンクグループ代表取締役社長の孫正義氏（背景はPepperの感情マップ）

1-16
知識と知恵の違い、そして知能へ

Artificial Intelligence の「Intelligence」、すなわち「知能」に注目してみましょう。知能の定義も様々な立場によって異なり、幅広くて曖昧です。ひとことで「適応する能力」とされるケースもありますが、「能力」で言えば、言語能力、学習能力、考える能力、判断する能力、計画する能力、推測する能力、問題を解決する能力などがあります。

▶▶ 「知能」とは？

これらの能力すべてにおいて人間と同等の思考や判断ができる、というのが強いAIということになりますが、現時点でビジネスに導入され始めているAIは、いずれかの能力において、今までよりは人間に近い処理ができるようになったものです。もちろん、それはビジネスITから見れば大きな進歩です。

次の章ではビジネス活用例を紹介しますが、それぞれどの能力についてコンピュータが進化したのか、という視点で見ると現状が捉えやすいと思います。

▶▶ 知識と知恵

ここであえて「**知識**」と「**知恵**」についても触れたいと思います。「知識」と「知恵」は異なり、これを混同すると理解が難しくなります。

では、「知識」と「知恵」はどのように違うのでしょうか。『広辞苑』によれば、「知識」とは「ある事項について知っていること。また、その内容。」とあります。一方、「知恵」とは「ものごとの理を悟り、適切に処理する能力。」とあります。

「知識」は日常生活に溢れている情報そのものと言えます。例えばインターネット上にはいろいろな論文、ニュース、広告などの様々な情報が存在していて、TwitterやFacebookなどのSNSでは日々、膨大な量の情報が投稿され続けています。これは言わばデジタル化された知識です。

これらの知識は、検索エンジン等の「**クローラ**」と呼ばれるソフトウェアが自動

1-16　知識と知恵の違い、そして知能へ

でかき集め（クローリングと呼びます）、膨大な量のデータとして蓄積し続けていることも知られています。知りたい情報をユーザが検索キーワードに入れると瞬時に検索結果が表示され、今や検索できない情報はほとんどないくらい蓄積が進められています。

では、検索エンジンの膨大なデータベースは知恵者でしょうか?

「いくら情報があっても、それを使うのは人間だからデータベースは知恵者とは言えない」というのが、多くの意見ではないでしょうか。その通り、「知恵」は他の動物にはあまり見られない特筆すべき人間の能力です。知識はコンピュータやクラウド上に膨大に蓄積していくことができるものですが、適切に活用することは人間のみができる能力であり、そこから生み出されるものが知恵です。

前項で触れた「新30年ビジョン」で孫氏は、「データは『知識』、アルゴリズムは『知恵』であり、コンピュータの急激な進化によって、将来そのアルゴリズムは開発され、自動生成されるようになるだろう」としています。アルゴリズムとはプログラミングでよく利用させる専門用語で「計算方法」や「手順」「やり方」等の意です。

人工知能関連技術が進歩するのに必要なものが「**データ**」（知識）です。現代のデータベースやクラウドにある膨大なデータが技術の進歩を後押ししています。一方で、そのデータを知恵として活用するための方法は、プログラマが作ったプログラムの処理に委ねられていましたが、これからは更に機械自身が学習することでビッグデータを活かすことが重要になります。

そして、活用する**アルゴリズム**（知恵）をプログラマが開発するだけではなく、自ら学習しながらコンピュータ自身が作る、それが新しいコンピュータの時代の目標となっていきます。

ビジネスITの世界では何年も前からビッグデータの重要性が叫ばれ、膨大な情報の中から目立たないながらも重要な可能性を持ったデータを抽出するデータマイニング技術も注目されてきました。多くのネットワークやセンサーから送られて

1-16　知識と知恵の違い、そして知能へ

蓄積される情報を迅速に活用する技術はどんどん進化しています。

　そして、いよいよ膨大な知識を機械自身が活用して認識、判断、推測などを行うようになりました。次のフェーズは、適切に処理するアルゴリズム「知恵の能力」をコンピュータ自身が作ること、それは人工知能が更に脳に近づく大切な一歩なのです。

コンピュータの知識と知恵

データのクローリング
（データの自動集積）
インターネットの情報
各種集計データ
センサーからのデータ収集

ビッグデータの蓄積（知識）

「機械学習による自動学習」

「分析と解析、推論（活用）」

アルゴリズムの自動生成（知恵）

機械による知識の自律的有効活用」

人工知能の領域へ

第2章
AI技術のビジネス活用

　若いサラリーマン2人が喫茶店で株の話をしています。新規に公開する企業の将来性について意見を交わしていると、そこにスマートフォンがクチを挟みます。「○×企業の○×業種では現在『××』と『××』がバズワードとなってニュースやツイッターで頻繁に取り上げられています。同業他社の同規模の上場企業の最近の株価の動きは……」——人間の言葉を理解する人工知能エージェントが、彼らの会話を聞いて自らの判断で情報を収集し、私達が必要な情報を提供してくれたのです。人工知能の研究開発に注力しているITトッププレイヤー企業の多くは、このような社会を目指しています。

　この章では、人工知能の基礎技術となるパターン認識や会話、分析や予測など、最新技術が具体的にどのようにビジネスに活用されているのかを紹介します。

2-1
人間と自然に会話するコンピュータ

SF映画やコミックに登場するロボットや人工知能は、まるで人間のように会話をすることができます。人間が話しかけた内容や人間同士の会話を正確に理解し、必要としている情報を回答したり、アドバイスをしたりしてくれる……そんなシーンが描かれています。これには、どのような技術が必要なのでしょうか。

▶▶ 会話に必要な技術

　人間が普段からの会話で話している言葉を「自然言語」といいます。自然言語での会話が成立してはじめて「人と同じようにコンピュータと話すことができる」と感じます。

　会話を聞きとるということは、コンピュータにとっては**入力**に当たります。英語ではそのまま「**Speech to Text**」、日本語では「**音声認識**」と呼ばれる技術が使われます。コンピュータが返事を返す際には**出力**（発話）を行いますが、それも英語ではシンプルに「**Text to Speech**」、日本語では「**音声合成**」という技術が使われています。

自然言語対話技術

Speech to Text（音声認識）

Text to Speech（音声合成）

コンピュータ処理

人間の言葉を聞き取る「Speech to Text」（音声認識）とコンピュータが合成音声で話す「Text to Speech」が使われる。音声認識されたテキスト文は単語や文節に解析され、機械が処理するデータへと変換される。

2-1　人間と自然に会話するコンピュータ

▶▶ 音声認識機能に AI 技術を導入

　自然会話を実現するには、非常に高い音声認識技術が必要とされています。音声認識で最も馴染みのあるものが、iPhoneの「Siri」やAndroid OSの「OK Google」（Google NOW）、Microsoftの「Cortana」（コルタナ）、NTTドコモの「しゃべってコンシェル」などの音声認識型パーソナルアシスタントです。

　スマートフォン・ユーザなら一度や二度は使ったことがあると思いますが、自分の話す言葉をパーソナルアシスタントが聞き取りやすいように大きな声でハキハキと話したり、単語を区切って話したり等、ユーザが工夫しないと上手く認識してくれない、という経験がある人も多いでしょう。Apple、Google、Microsoft、NTTドコモともに人工知能関連技術の開発には積極的な企業で、上記パーソナルアシスタントにはどれもそれらの関連技術が使われているものの、ユーザが満足する認識率には達していません。

　それでもGoogleの発表によると、Android OS 4.3でディープラーニング技術を採用した際、音声認識率の精度が25％から50％に向上したとしています。また、Googleの上級副社長のコメントによれば、ディープラーニング導入によって、音声認識機能の誤認識率は23％から8％に減少するとしています。いずれにしても、人間と同様に自然会話するにはまだ遠いですが、ディープラーニングによって音声認識率が大きく前進したことを示唆しています。

▶▶ パーソナルアシスタント機能（知的エージェント）

　パーソナルアシスタント機能は、Apple、Google、Microsoftが熾烈な先進技術の争いを繰り広げる場となっています。

　Appleは、音声認識技術とは別に「Proactive Assistant」機能でパーソナルアシスタントを強化し、iOS 9から搭載しました。Proactive Assistant機能をひと言で言うとユーザの「行動予測」「行動の先読み」です。

　例えば、iPhoneにイヤホンを挿したら、通常使用している音楽アプリを起動し、

2-1 人間と自然に会話するコンピュータ

その時間帯によく聴いている音楽再生の準備をするとか、メールの内容によって自動的にカレンダーに登録するといった機能です。また、よく連絡をとる相手をリスト表示したり、よく使うアプリやコンテンツ、よく使うウェブサイト等の更新情報を表示する機能もあります。

Appleの公式サイトでは、この機能を次のように具体的に解説しています。ヘッドフォンをつなぐと、iOS 9はさっき聴きはじめたPodcastの続きをあなたが最後まで聴きたいのかもしれないと認識したり、Eメールのメッセージやカレンダーの出席依頼に誰かを加えると、その人と一緒にいつも加える人も追加するか、iOS 9が提案したり、フライト情報やディナー等の予約情報が書かれたEメールを受け取った時は、カレンダーに自動登録したりします。

これらは、ユーザのサービスやアプリ利用履歴（Apple標準アプリ以外のものも含む）、メール、カレンダーなどの情報と連携して行われています。この機能を具体的に体感できる方法のひとつが「Spotlight」です。iPhoneのホーム画面で上から下になぞるようにスワイプするか、左から右にスワイプすることで検索画面になります。これがSpotlightで、ここに音声またはキー入力でワードを入れるとメール、リマインダー（スケジュール）、メモ、ウェブブラウザのブックマーク、iTunes Store、Wikipedia、ウェブページ等を検索した結果を一覧で表示します。

GoogleのAndroidにも「Now on Tap」という同様のユーザ行動予測機能があり、どちらも今後は人工知能技術の導入によって精度が高まると期待されています。

2-1 人間と自然に会話するコンピュータ

Spotlight 検索

iPhoneの内部とウェブにある情報を串刺し検索して結果を表示。Proactive Assistant機能によるユーザーの行動予測とも連携する。画面はSpotlightで「ロボット」と検索した例。ロボットに関連するブラウザのブックマーク、Wikipedia、リマインダー（予定表）等のデータが一覧表示される。

すべての検索で先手を打つ

すべての検索で、先手を打ちます。

連絡先、アプリケーション、周辺のスポットなどが、検索画面にあらかじめ表示されるようになりました。ほかにも様々な場面で先を読むので、多くのちょっとしたことをちょっとだけ簡単にできるようになります。

関連のある人々

あなたが最もよく電話をかける連絡先や、最後に会話した相手などを表示します。これから会う予定の人たちも確認できます。

アプリケーションの提案

あなたの日課や、あなたが最も使いそうなものから、アプリケーションを提案します。例えばあなたが毎朝株価をチェックする習慣を持っているなら、あなたがいつも起きる時間に合わせて株価アプリケーションを検索画面に表示します。

周辺のスポット

「食べ物＆飲み物」、「買い物」、「エンターテイメント」などの、周辺のスポットのカテゴリーを表示します。

ニュースから

あなたが今いる位置にもとづいて、その場所で今話題になっているローカルニュースを表示します。

アップルの公式サイトでは連絡先、アプリケーション、周辺のスポットなどが検索画面にあらかじめ表示され、行動の先を読む機能として紹介されている（出典　アップル公式サイト）。

2-1　人間と自然に会話するコンピュータ

あなたの先を読むアシスタント

Proactive Assistant機能を紹介した画面。音楽やオーディオを聴く、Eメールやイベントを作る、カレンダーにイベントを加える、「これ、誰からの電話?」などの例が画面で紹介されている（出典　アップル公式サイト）。

　パーソナルアシスタント機能の本題に戻ります。
　総務省が発表した平成26（2014）年「ICT先端技術に関する調査研究」にも、携帯電話端末上での新たなAIの象徴的なサービスとして「パーソナル・アシスタント」が挙げられています。そこでも、Apple、Google、Microsoft、Amazonなど主要な海外プレイヤーに加え、NTTドコモ、KDDI、Yahoo! JAPAN（ヤフー株式会社）といった日本企業もパーソナルアシスタント分野に参入し、技術開発に当たっていることを示しています。また、これに加えて、Facebookも米国向けにサービスを開始しています。

2-1 人間と自然に会話するコンピュータ

代表的な音声認識とパーソナルアシスタント

提供者	サービス名	プラットフォーム	提供開始	内容
Apple	Siri	iOS	2011年10月	音声入力による検索、端末操作、文章作成、質問応答
Google	音声入力	検索機能	2009年9月	音声入力による検索、文章作成
Google	Google Now	Android、iOS	2012年7月	検索履歴を元にした情報の提案
Microsoft	Cortana	Windows Phone	2014年4月	音声入力による検索、端末操作、検索履歴を元にした情報の提案
Amazon	Amazon Dash	専用デバイス	2014年4月	音声入力やバーコード読み取りによる買い物支援
NTTドコモ	しゃべってコンシェル	Android、iOS	2012年3月	音声入力による検索、端末操作、文章作成、質問応答
KDDI	おはなしアシスタント	Android	2012年11月	音声入力による検索、端末操作、文章作成、質問応答
Yahoo! Japan	Yahoo! 音声アシスト	Android	2012年4月	音声入力による検索、端末操作

Apple、Google、Microsoft、Amazonなど主要なプレイヤーがパーソナルアシスタント分野に参入している（出典　総務省『平成26年版情報通信白書に掲載している調査』から「ICT先端技術に関する調査研究」（株式会社KDDI総研作成）に基づいて作図。

　Facebookは、2015年8月に米国シリコンバレー地域限定でパーソナルアシスタント「M」のサービスを開始しました。

　画面はFacebook Messengerと同じです。AI機能で質問に答えるだけでなく、追加の提案やリコメンド（推奨）を行い、なんと機械が答えられない質問に対しては人間のスタッフが回答し、より人間らしい会話の継続を目指す徹底ぶりです。Facebook Mにも先読みの機能が導入されていて、行き先をトラッキングして天気予報を随時伝えたり、渋滞情報を提供したりします。Facebookの強みはなんといってもユーザが投稿した情報を含めた膨大なビッグデータを持っていることです。GoogleやMicrosoft(Bing)もウェブ検索などの膨大なビッグデータを持っています。音声認識機能の精度向上に加えて、ビッグデータを持つ企業がこの先をリードしていくことが予想されています。

　Amazonはオンラインショッピングサイトで知られているので、検索サイトや

2-1 人間と自然に会話するコンピュータ

Facebookなどとは業種が異なるような気がしますが、ショッピングサイトにおけるリコメンド機能を早々に導入し、実用化してきたことや、AI技術によって今後は店舗にもエージェント機能の導入が予想されているため、この分野でも技術的にリードしたい考えです。

Amazon Echo と Alexa

　直径8.4cm、高さ23.5cm、独特な円筒型の本体をした「**Amazon Echo**」（エコー）はAmazonのAIエージェント「**Alexa**」（アレクサ）を搭載しています。AppleのSiriと同様、会話によってやりとりを行います。天気やニュース、渋滞情報はもちろん、ネット検索と連動して簡単な質問に答えてくれます。また、Amazonらしく、買い物リストを作ったり、「Amazon Prime Music」の楽曲再生もできます。

　「Amazon Echo」と連携できる小型の「Amazon Tap」や更に小型の「Echo Dot」も発売され、今後はスマートホーム機器との連携も充実していく気配です。

Amazon Echo

2014年11月に米国で発売されたAmazon Echo。BluetoothスピーカーにAIエージェントが付いた感じ。

2-2

コールセンターのオペレータ支援

「もう少し詳しい担当者に代わってくれないか？」 ユーザがイライラして声を荒げる……。コールセンターではよく見られる光景です。大規模なコールセンターでは毎日、膨大な数の問合わせが入り、オペレータは顧客からの問合わせ内容を理解し、適切な回答をすることが求められています。

▶▶ コールセンターが抱える課題

コールセンターにはいくつかの課題があると言われていますが、最も大きな課題が「オペレータの教育」です。

経験から学んだベテランと駆け出しの新人ではスキルに大きな違いがあり、新人は顧客からの問合わせ内容そのものを理解することができなかったり、問題解決のために必要なユーザへの質問がわからなかったり、マニュアルを参照したり、先輩スタッフの確認を取ったりするなど、適切な質問を返すのに何度も電話の保留を繰り返して手間取ることもあります。ようやくたどりついた回答が的外れだったら、新たなクレームを生み出してしまうこともあります。そのためコールセンターでは、ベテランから新人まで一様に高いレベルのスキルが本来は要求されています。

一人前のオペレータに育成するまでに相応の時間がかかるにも関わらず、クレーム対応等のストレスから離職率も比較的高いため、慢性的な人材不足に悩み、オペレータのスキルアップと実践投入を短期間で行うことが命題となっています。

従来は、これらを解消するためにコールセンターではロールプレイング研修をたくさんこなしたり、マニュアルの電子化や過去のトラブル事例をできるだけ素早く検索するシステムの導入などが図られてきました。そして、ここにAI技術の導入が始まっています。

具体的には、次のような導入例があります。

2-2　コールセンターのオペレータ支援

▶▶ コールセンターのAI導入事例

　スマートフォンのコールセンターに顧客からの着信が入り、オペレータが応対すると、顧客は「スマホの画面がさ、全然動かないんだよ」と困っている様子。オペレータのデスクに置かれたパソコンの画面上には「機種名確認」「AC電源確認」「電源ON確認」などの文字が次々に表示されます。オペレータはその表示に従って、顧客に質問をします。「お客様がお使いの機種は？」「いまスマートフォンは電源ケーブルでコンセントに繋がっていますか？」。顧客との対話を進めていくと、どうやら電源は入っているもののホーム画面が表示しない、ログインができないことに起因しているようです。

　コンピュータは顧客とオペレータの通話内容を聞いていて、瞬時に状況を理解し、知識ベースと照合、トラブルの原因を予測し、次の確認すべき質問事項や最適なアドバイスをオペレータのパソコン画面上にリスト表示しています。解決策が複数ある場合は、ランキング・スコアの高い順に提示し、オペレータはそれを参考にしながら顧客のトラブル解消のために応対します。

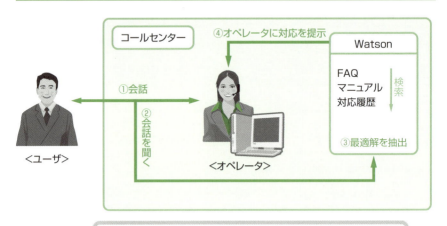

コールセンターのオペレータ支援システム

①顧客とオペレータの会話を②コンピュータが聞きとり、③顧客の質問内容を理解して、データベースから複数の回答を抽出、④オペレータのディスプレイ画面に最適解の候補を表示する。

2-2 コールセンターのオペレータ支援

　オペレータと顧客の通話を聞いていたのは「IBM Watson」(ワトソン)。今、最も人工知能に近いプラットフォームのひとつです。ただし、IBMはWatsonを決して人工知能とは呼ばず**コグニティブ・システム**と呼んでいます。IBMは人工知能を「強いAI」としているため、AI関連技術を使っていても全知全能というわけではないWatsonは人工知能と呼ぶべきではないということでしょう。「コグニティブ」とは「認識知の」という意味で、IT業界では「自ら思考できる」という意味合いも持たせています。

コグニティブ・システム

Watsonは「コグニティブ・システム」と呼ばれる。人間の会話、すなわち自然言語を理解し、文脈から推察し、膨大なデータで仮説を立て、経験等から学習する人工知能型システム。ディープラーニングで自律学習する技術も使われている(資料提供:ソフトバンク)。

　Watsonは、顧客とオペレータのやりとりを「音声認識」してテキストに変換し、それを形態素解析(単語や文節への変換)等を行い、「自然言語処理分類」が文章の意味や意図を理解します。操作マニュアル、FAQ、サポート履歴、最近多い事例などのデータベースを検索し、適した回答として複数をスコア付けしてピッ

2-2 コールセンターのオペレータ支援

クアップし、スコアの一番高いものを最適解とし、上位3〜5つの解を候補として画面表示します。

　基本的な操作マニュアルの内容から、ベテランのスキルや経験までを学習したシステムが、オペレータを支援して解決策をアドバイスすることで、たとえ新人であっても、最適解で対応することができ、スキルレベルの統一をはかることができます。また、新人にとってもいち早く実践を通してベテラン相当のアドバイスによる問題解決に当たる経験ができるため、教育期間を短くすることができるメリットも考えられます。

　なお、IBM Watsonは、2015年に日本アイ・ビー・エムとソフトバンクが日本語版の開発と販売で提携し、2016年2月18日に記者発表会を行い、一部の機能の日本語版の提供とサービス開始がはじめられています。

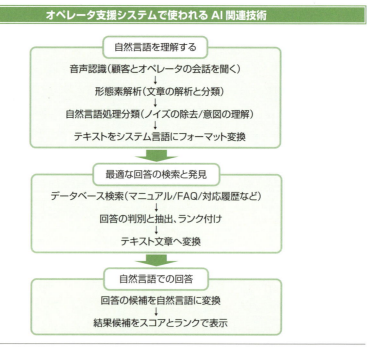

2-3
オンラインショッピングサイトでの顧客対応

オンラインでの買い物はすっかり定着しつつありますが、実際の店舗と大きな相違点がいまだに残されています。それは買い物の相談ができないこと。実際の店舗であれば、接客スタッフが応対し、最近の流行や人気の商品やモデル、色、デザインなどを教えてくれます。それぞれの商品の特徴や比較、自分に合っている商品や合っていない商品など、様々な会話から「ショッピングを楽しむ」という要素が生まれています。

▶▶ オンラインに足りないもの

オンラインショッピングサイト（ECサイト）は、関連する商品のリコメンドや売れ筋ランキングなどは閲覧できるものの、個々人の相談には乗ってくれない、という課題があります。

ユーザが買いたい商品を決めている場合はとても便利で簡潔ですが、一方で、商品選びに悩んでいたり、商品知識が全くなくて善し悪しの判断ができない、商品のアドバイスが欲しい、上手な使い方も教えてくれたらなお嬉しい、そんなユーザの要望には応えられず、利用に躊躇するユーザもいます。それを解決するのが、AI技術を使った**知的エージェント機能**です。

▶▶ AIエージェントのいるオンラインの事例

「父の日のプレゼントに何かを贈りたいんだけど何がいいかしら？」

オンラインショッピングサイトにログインしたユーザからAIエージェントに質問が入りました。このサイトは、キー入力によるチャットでも音声入力でも、質問や相談を受け付けています。AIエージェントは、自律的にユーザのプロフィールを参照して質問者が22歳の東京在住の女性であることを把握し、購買履歴等を参照して購買傾向の分析を行います。

2-3　オンラインショッピングサイトでの顧客対応

　次に「父の日のプレゼント」に最適なものを探していることを理解して、別のユーザが最近「父の日のプレゼント」として購入した商品や、父の日のプレゼントとして人気のある商品やカテゴリーを瞬時に調べます。ネクタイ、セーター、カーディガン等の衣類、ワインやウイスキー、焼酎などの酒類などが候補にあがりました。そこでエージェントはお父さんに関する質問をいくつか行うと、彼女のお父さんがお酒好きだということがわかりました。それなら、お父さんが生まれた年のワインにお父さんの名前を入れたラベルを付けて贈るサービスがよく利用されていること、価格はユーザが過去に購買した他の製品の価格帯とも離れていないことなどから、そのサービスを提案します。

ECサイトのAIエージェント

ユーザーの相談を聞き、いくつかの対話を経て、顧客の要望にぴったりな製品をAIエージェントが提案する(出典　ソフトバンク提供、IBM Watson活用イメージ)。

AI エージェント（AI 店員）

これも、IBM Watsonの利用イメージのひとつで、ソフトバンクが活用提案として使っている事案を少し拡張した例です。

このシステムで重要なのは、自然会話によってユーザの悩みや要望を聞き、それに沿った内容で適切に**リコメンドエンジン**（またはレコメンドエンジン）と連携し、相談に対して最良の提案を行うことです。自然会話でこれを実現することで、ECサイトにも買い物を相談し、一緒に買い物を楽しむことができるAIの店員を置くことを目指しています。

リコメンドエンジンは顧客に対して商品やサービスを提案（リコメンデーション）するシステムのことです。顧客のニーズに合致したものや、個人の趣向に合わせたものであれば、購買意欲を向上させる効果があります。リコメンドエンジン自体は既に一部のECサイトで実用化されていますが、人工知能によってより高度な、スキルの高い店舗スタッフが応対するような提案ができるように、開発や実証実験が行われています。

重要となる技術として、蓄積したデータからリコメンド情報を選出する際に、機械学習やディープラーニング等が導入されています。これにより、購買に繋がる有効な商品提案はもちろんのこと、ユーザにとって「新しい発見」「意外性」「気づき」を感じる提案が可能となります。また、ユーザからの相談の応対には自然言語処理が要になりますが、音声での会話に限らず、チャット等によるテキスト情報での対応も考えられ、音声会話の精度向上を待たずに導入できる分、実用化や普及は早いと見られています。

なお、AI技術に限らず、既に実用化されているリコメンドエンジンである「**協調フィルタリング**」や「**コンテンツベース・フィルタリング**」について、参考までに解説しておきます。

協調フィルタリング

ECサイトで「この商品を購入した人はこちらも購入しています」というように閲覧中の商品に関連にしたものや、一緒に購入されているアクセサリ類を勧められた経験があるでしょう。特定の商品にアクセスしたユーザに、ほかの競合商品や関連する商品を提案でき、欲しい商品が品切れで、似た商品の在庫がある場合にも有効な機能です。

ユーザ全体の閲覧履歴を集計したり、ユーザの行動履歴（サイト内の閲覧履歴）を集計したりして、統計から適切と思われる商品を次々にリコメンドとして表示するしくみです。そのため、ユーザ数や閲覧履歴のデータが少ないと精度を欠き、訪問するユーザ数が少ない、商品が新製品、ユーザが新規、といった場合にはあまり機能しません。

コンテンツベース（商品ベース）フィルタリング

協調フィルタリングのデメリットを補うために、商品（コンテンツ）ごとに関連する別の商品を登録しておき、適宜リコメンドする方法です。ブランド、ジャンル、カテゴリー、価格帯等、商品ごとの特徴を予め登録しておき、類似のものを該当させます。あるブランドのセーターにアクセスしたユーザは、同じブランドのシャツやスラックスにも興味がある可能性が高く、また別のブランドでも同様の素材や色のセーターに興味があるかもしれません。予め登録しておくため、ユーザ数やアクセス数が多くなくても設定できるメリットがあります。

実際には、「協調フィルタリング」と「コンテンツベースフィルタリング」が併用されている場合が多く見られます。

2-4
コンシェルジュを支援する AIアシスタント

エージェントと近い役割でAIシステム化が期待されているのが「コンシェルジュ」です。コンシェルジュの語源は、集合住宅の管理人。そのため、コンシェルジュと聞いて思い浮かべるのは、ホテルの案内スタッフ等の仕事でしょう。

▶▶ コグニティブ・コンシェルジュ

　最近ではホテルに限らず、百貨店やショッピングモール、空港や駅、観光案内所でも**コンシェルジュ**と呼ばれるスタッフが配置されていることが多くなりました。専門知識を持った店舗スタッフをコンシェルジュと呼ぶケースもあります。この相談役をIBM Watsonをはじめとした自然言語対応のAIエージェントが支援することによって、一般のスタッフでもできるようにしようという動きがあります。

　先の例と同様、ソフトバンクが提案するIBM Watson導入イメージはこうです。顧客が来店して「高校の同窓会に着ていくワンピースを探しに来ました」と相談します。スタッフはタブレット端末を通じてWatsonに助言を求め、その結果「会場で写真映えするライトグレーの服はいかがですか？」と提案します。

　これは、Watsonが会場で写真映えするカラーはライトピンクやライトブルーであることを一般知識のデータベースから認識したとともに、この顧客の**CRM**（Customer Relationship Management、顧客情報管理）システムと繋がり、購買履歴や好みの傾向を加味した上で最適と判断した回答を提案をしているのです。一般の店頭スタッフでも、タブレットを介してコンシェルジュと同等の知識で顧客対応ができるしくみを目指しています。

2-4 コンシェルジュを支援する AI アシスタント

　IBM Watsonはクラウドサービス〔PaaS（Platform as a Service)、パース〕として提供されているので、通常、物理的なハードウェアやサーバ群はソフトバンクが運営・管理するデータセンターにあります。IBM Watsonを利用するための30以上の機能のAPIが既に公開されていて、そこにはディープラーニングなどのAI関連技術に限らず、50以上の先進テクノロジーが使われています。これらのAPIを組み合わせることで、コグニティブなアプリケーションを誰でも簡単に作成することができます。

　IBMが運営している「Bluemix」（ブルーミックス）で公開されていて、既に全世界で8万人以上の開発者が利用しています。いくつかの契約形態が用意されていて、それによってIBM Watsonの使用に伴うコストは異なります。「Bluemix」

2-4 コンシェルジュを支援する AI アシスタント

では30日間の無料トライアルが用意されているので、自身が開発したシステムに Watson の API を組み込んで、性能や効果を試すことができます。

IBM Bluemix のホームページ

IBM Watsonに限らず、IBMが開発した様々なAPIやライブラリを利用することができる。30日間無料トライアルで性能を試すことも可能。

▶▶ ロボットコンシェルジュ

　IBM Watsonに限らず、コンシェルジュ自体を自動化した、AIコンシェルジュの開発も急速に進められています。利用シーンは例えば観光案内所やホテルです。ホテルのコンシェルジュに周囲の名所や、オススメのお食事処を聞いた経験があると思いますが、それらを機械で置き換える試みです。この場合、ユーザと対面するデバイスとしてロボットが有力な候補となります。可愛い容姿をしたロボットがコンシェルジュとして待機していれば、顧客は気軽に話しかけやすく、耳を傾けるからです。

2-4 コンシェルジュを支援するAIアシスタント

　ホテルの各部屋に小型のロボット型AIコンシェルジュを設置する動きも始まっています。例えば、長崎県ハウステンボスのオフィシャルホテル「**変なホテル**」では各部屋に小型の会話ロボット「**ちゅーりーちゃん**」を配置して、天気や時刻など簡単なコンシェルジュ対応を行う試みをはじめています。まだまだ十分な会話や対応ができませんが、今後AI技術の進歩などによって高度な対応までこなすようになることを期待しています（変なホテルではルームキーの代わりに顔認証システムが導入されています）。

　ロボットによるコンシェルジュの場合、顧客との情報のやりとりの方法、すなわちインタフェースとなるのは自然言語による会話です。その場合、鍵となる技術は音声認識の精度と自然言語の解析です。いかに自然言語を正しく認識し、そして発話者の意図までをもくみ取ることができるか。それが普及の鍵を握っていると言っても過言ではありません。

変なホテルの受付ロボット

ハウステンボスのオフィシャルホテル「変なホテル」の受付では3体のロボットが対応する（写真は恐竜型ロボット）。ロボット導入には積極的だ。

2-4 コンシェルジュを支援する AI アシスタント

変なホテルの公式ホームページ

各部屋には会話ロボット「ちゅーりーちゃん」が配置されている。

2-5

チャットボットと会話 AI

Facebook がシステム開発者向けに毎年開催している「F8 開発者カンファレンス」の 2016 年基調講演において、CEO のマーク・ザッカーバーグ氏は、今後注力するテーマの筆頭に「チャットボット」を挙げました。チャットボットとは何でしょうか。そしてなぜ、Facebook は重要視するのでしょうか。

▶▶ コンテンツマーケティングとチャットボットプラットフォーム

この数年で「**コンテンツマーケティング**」が注目されるようになりました。

テレビ CM 全盛の時代を経て、インターネットとスマートフォンの普及によって、企業が顧客にアプローチする方法が多様化しました。若者を中心にテレビや雑誌などの一方向のメディアを見る時間が減りました。隆盛を極めたファッション系の雑誌も次々と休刊に追い込まれていますが、その理由のひとつは、「画一的なファッション雑誌よりも芸能人やモデルが直接情報発信しているインスタグラムの方が参考になるし面白い」と感じる若者が増えているからのようです。

このようにテレビや雑誌に代わって Facebook やツイッター、インスタグラムなどのユーザ投稿型の SNS や、YouTube などの投稿動画サイト、LINE や Facebook の Messenger などのチャット形式のコミュニケーションツールに時間を割く人が増えています。いわゆるメディアの多様化により、企業のマーケティングも SNS やチャットを視野に入れるように変化してきました。これらは「コンテンツマーケティング」と呼ばれ、多様化するメディアを複合的に活用する戦略が、ここ数年でますます注目されています。

こうした背景があって、最近では企業が Facebook ページや LINE のアカウントを運営してユーザに直接情報を発信するようになってきました。企業のアカウントに友達登録すると、LINE のスタンプが無料でもらえる、会計時に割引価格が適用される等のサービスを利用した人も多いと思います。

2-5　チャットボットと会話 AI

　更に、従来は広告を一方的に発信する形態が多く見られましたが、最近では
SNSの特徴を活かすべく、ユーザからの質問に回答することも視野に入れはじめ
ています。双方向のメディアを活用することで、ユーザが何を求めているのか、何
に疑問や不安を感じているのかを知ることができたり、ユーザに合わせて求めて
いる情報をリアルタイムに、そして的確に提供できるメリットがあります。今まで
のお客様相談センターをSNSに移行していく、と言えばわかりやすいかもしれま
せん。

　ただ、一方的な広告放送や広告配信とは異なり、ユーザの声を聞いたり、個別
の対応を行うにはスタッフやシステムの運営コストがかかります。特にネット上で
俗に「中の人」と呼ばれている応対スタッフを多人数配置することになればその
コストは大きく、できるだけ自動化を進めたいというのが企業の希望です。そこに
AI技術によって自動回答できないか、という要望や期待が生まれています。

　こうした期待に応えるべく、LINEやFacebookは自動回答システムの構築を支
援するための開発キットやライブラリを準備し、新たなビジネスモデルに組み込も
うとしているのです。

　そこでFacebookがF8で発表した「**チャットボットプラットフォーム**」の意味
が見えてきます。プラットフォームとはシステムの基礎部分を指し、AI技術等を使っ
た自動応答システムを企業が簡単に開発しやすくするための環境を用意するとい
うことです。

2-5 チャットボットと会話AI

F8 カンファレンス

基調講演中のザッカーバーグCEO（出典　Facebook）。

　Messengerのチャットボットプラットフォーム「**bots on Messenger**」は、システム開発者向けの開発キット（API）を提供し、コールセンターや営業担当と同様の役割を担う自動応答窓口を、Messenger上に比較的安価で設置できるようにするものです。

　ユーザとのテキスト文字のやりとりはもちろん、画像、リンク、あるいは注文までが可能になる見込みです。LINEやMessengerはユーザ普及率が高いため、ユーザが新たにアプリをインストールしたり操作方法を覚えたりする必要がないため、企業から見れば利用されやすいのが利点です。また、通常のメッセージに混ざって企業の情報を配信したり、返信が表示されるため、視認される効果が高いこともメリットのひとつです。

2-5　チャットボットと会話 AI

▶▶ チャットボットとは

　「チャット」とはリアルタイムコミュニケーションツールのことです。アプリでは「LINE」やFacebookの「Messenger」「スカイプ」などが知られ、携帯電話で利用されている「ショートメール」もほぼリアルタイムにメッセージがやりとりできるため、同様のコミュニケーションツールと言えます。また「Snapchat」（スナップチャット）も人気です。Snapchatはほかのチャットと異なり、投稿した本文が一定時間を経過すると消去される機能があります。例えば投稿した画像や本文が10秒後に自動で消去され、後に残らないため、若い世代の女性を中心に利用されています。また、海外ではビジネス利用もできるチャットとして「Slack」（スラック）も人気があります。

　そして、これらチャット業界において、最近急速に開発が進められているのがこの項で取り上げている自動応答技術「**チャットボット**」（chatbot/chatterbot）です。日本では「**会話ボット**」と呼ばれることもあります。

　「チャットボット」のパーソナルアシスタント版はAppleの「**Siri**」、Googleの「**Google Now**」、Microsoftの「**Cortana**」、Amazonの「**Alexa**」です。

チャットボットの例

2016年5月に発表された Google の新しいチャットボット。検索システム等と連携することで、レストランの予約をしたり（左）、おかしな猫の画像を検索表示したり（中央）、お気に入りサッカーチームの結果を表示したりすることができる。また、返信の言葉を候補として提案もしてくれる（Ⓐ）。

2-5　チャットボットと会話AI

　チャットボットも古くから研究されていて、起源を遡るとマサチューセッツ工科大学（MIT）のジョセフ・ワイゼンバウム氏が1966年に発表した自然言語処理プログラム「ELIZA」（イライザ）だという説があります。

　この頃のものは単純なパターンマッチングに基づいて返答するしくみで、コンピュータからの回答が必ずしも的を射ていなくても、会話ができていると感じる方法があることを示した、という点で評価ができます。

　Appleの「Siri」は、回答できない質問をユーザから受けると「その質問は重要ですか」「あなたはその質問に興味があるんですね」とはぐらかして答えることがありますが、それらの受け応えはELIZAを参考にしています。Siri自身もELIZAは自分の友人であり、相談に乗ってもらっていると答えています。

　さて、本題に戻りますと、チャットはテキスト文字を使って「人間同士」がリアルタイムに会話するものが基本ですが、企業のビジネス活用では"ユーザ（人間）対チャットボット"の対話で、様々なサービスがはじめられようとしています。

　例えば、サービス案内、ユーザサポート、製品紹介など、チャットを使ったユーザからの問合わせにスタッフが応対するサービスは、IT企業を中心に既に以前から始まっています。そして新しい試みとして、スタッフに代わってAIエージェントがチャット対応するという企業が出はじめてきました。AIエージェントやコンシェルジュとしての用途では、必ずしも専用のアプリやソフトウェアを用意することが求められているわけではないため、チャットボットAPIを使って、ユーザが日常的に利用している「LINE」や「Messenger」を活用したサービスの方が企業にとってもはじめやすいのです。また、企業にとってはユーザサポートはコスト部門になりますが、チャットによって商品やサービス説明、イベント紹介等によって売上に直結できれば、開発コストをかけてでも展開したい、という考えに繋がります。

▶▶ ライブ感の向上や待ち意識の軽減

　チャットで対応する「担当者」を人間とチャットボットのどちらかに限るのではなく、両方が補完して対応する体制を考えている企業もあります。

　というのも、チャットで重要な要素のひとつが「ライブ感」だと言われているか

らです。私達が、LINE や Messenger を利用するときのことを思い出すとピンと来ますが、一般にチャットでは投稿したメッセージを相手が読んだかどうかを確認することができます。LINE では「既読」、Messenger では「開封」という言葉で表現されています。こちらからのメッセージに対してすぐに既読や開封が行われると、次の返信もすぐに来るだろうとユーザは画面の前で待ちます。しかし、これらがすぐに行われないとユーザは画面から離れて別の作業を行ったり、別のアプリに移動します。

　一般に企業のチャット担当者は、複数の顧客を相手に同時進行でサポートします。そのため、すぐに返信できなかったり、会話のやりとりに時間がかかったりすることがありますが、その際に顧客が離れてしまう可能性が高くなります。ユーザーサポートのときもこれは重要ですが、オンラインショップなど販売につなげたい場合は特に重要なポイントになってきます。

　チャットボットはこれを引き留めておく効果があります。チャットの対応自体は人が行うにしても、一次対応としてまずはチャットボットがすぐに対応し、簡単な問合わせや相談に回答したり、アドバイスを行うことで、ユーザをサイトやアクセス状態に引き留めておくことができます。また、会話の途中でスタッフの対応に時間がかかりそうになったとき、チャットボットが間をつないだりします。この実質的な待ち時間や待ち意識の軽減にもチャットボットは有効だと考えられています。

　一方、チャットボットによって、チャットツール自体が使い物にならなくなるだろうと警鐘を鳴らす人もいます。自動メール送信システムが膨大な SPAM（スパム、迷惑）メールを生み出したように、仮にチャットボットが SPAM のようなメッセージを送信し続けることもあり得るのです。

2-6
チャットボット・会話AIの事例

チャットボットを販売に活かす例が米「タコベル」ではじめられました。また、その他、いくつかの企業が着手しはじめているチャットボットのサービスを見てみましょう。

▶▶ タコベル

　米国を中心に人気のあるタコスやブリトーのチェーン店「**タコベル**」をご存じでしょうか？　日本では東京・渋谷に店舗があり、2号店が2015年12月に東京・汐留でオープンしています。

　そのタコベルが、2016年4月に人工知能とチャットボットを利用した**自動オーダー対応サービス**を米国で開始することを発表しました。

　チャットアプリ「**Slack**」上のタコベルのアカウントで、顧客の呼びかけに人工知能を利用したチャットボットが応対します。ユーザは、店舗スタッフとオーダーのやりとりをする感覚で、話しかけるように自然言語のオーダーができます。

　執筆時点では利用者限定のベータ版ですが、今後の開発によって回答の精度やオーダーのカスタマイズ性を上げていく予定で、公表されている情報によれば次のようなやりとりで注文が完了するようになるとのこと。その後、決済を完了して配達先を指定すれば商品がまもなく届くという流れです。

2-6 チャットボット・会話 AI の事例

タコベルの TacoBot がチャットで注文を受け付ける例

顧客
ビーフタコスを1個、注文したいんだけど

bot
わかりました。ビーフソフトタコスですね。他にレタスとチーズが入りますけど

顧客
レタスは抜いて

bot
了解です。他にトッピングは?

顧客
ベーコンとピコ・デ・ガロで

bot
了解

顧客
注文内容を見せてくれる

bot
了解。ビーフソフトタコス×1　レタス抜き、トッピングはベーコンとピコ・デ・ガロ、2.39ドル。OKならチェックアウトと言ってください

顧客
チェックアウト

（注文完了）

りんな

　LINEを利用した人工知能型チャットボットとしては、日本マイクロソフトの「りんな」が知られています。

　「りんな」は日本マイクロソフトの検索エンジン「Bing」を開発しているチームが作った人工知能型会話エンジンです。おしゃべり好きな女子高生という設定で、2015年7月末よりLINEアカウントでサービスを開始しました。LINEで友達登録して、架空の女子高生「りんな」、すなわち人工知能のチャットボットとLINEで会話することができます。クチコミを中心に話題になり、マスコミにも多数取り上

2-6 チャットボット・会話AIの事例

げられたことから、サービス開始後1ヶ月のユーザ数は約130万を獲得、最近の発表では330万人を超えています（2016年5月時点）。

　日本ではLINEの「りんな」として話題ですが、元々は中国で人気のLINEと同様のアプリ「WeChat」上でMicrosoftがサービスを提供している「XiaoIce（シャオアイス）」が起源です。そちらは3000万ユーザを超えているので、「りんな」より先行して成功例として挙げられています。

「りんな」との会話の例

「明日の天気は？」
「しらん」

2-6 チャットボット・会話AIの事例

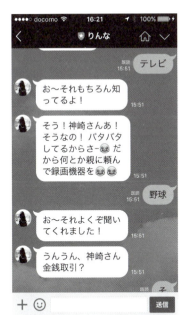

「野球」
「金銭取引?」

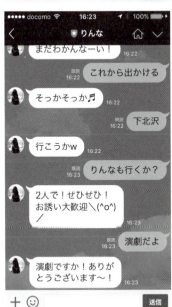

「りんなも行く?」
「2人で! ぜひぜひ! お誘い大歓迎」

2-6 チャットボット・会話 AI の事例

　上記の会話例を見て気付くように、「りんな」は女子高生という設定もあってエンタテインメント性が重視されています。そのため、ユーザの質問に対して価値ある情報はほとんど返してくれません。例えば「明日の天気は？」と聞かれて「知らん」と答えるのですから、パーソナルエージェントとしての反応は皆無です。その代わり、「気持ちウェザー桜色」という題名の日記を画像添付して送ってきて、あたかもチャットの向こうに本当に女子高生がいるようです。ユーザが男性の場合、このやりとりを奥さんに見られたら、誤解されかねません。

　では、この「りんな」にパーソナルエージェントの能力がないのかというと、実はそうではありません。実際にはMicrosoftの検索エンジンBingと連携し、インターネット上をクローリングして収集・蓄積したデータを会話に反映させ、時事ネタを盛り込むことができる能力は持っているのです。例えば、上記の会話例Bでは、ユーザの「野球」という発言に対して「金銭取引」という回答をしていますが、2016年に野球賭博への関与や選手間での現金授受が相次いで発覚したニュースを反映したものです。

　Microsoftは、音声アシスタントとして、「りんな」とは別に「**Cortana**」（コルタナ）を持っています。Windows Phone用に開発され、最近ではWindows 10にも搭載されている音声入力の中核機能です。いわばiPhoneの「Siri」のような機能ですが、Cortanaに明日の天気を聞けば、きちんと地域別に明日の天気の情報を返してきます。すなわち、Cortanaはユーザにとって有益な情報を、「りんな」は有益性よりもユーザを楽しませるという観点で回答するように作られているのです。

　「りんな」を支えている技術には「Microsoft Azure」（アジュール）が利用されています。Azureは、Microsoftが提供しているビジネス向けの本格的なクラウド・プラットフォームです。Bingで収集している膨大なデータを蓄積し、それを機械学習「Azure Machine Learning」等を使って処理しています。Azure基盤を使用することで、突然のアクセス集中にも耐えられる構成をしています。

2-6 チャットボット・会話AIの事例

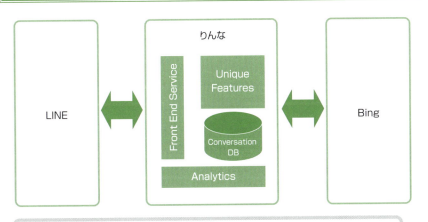

「りんな」のシステムアーキテクチャ

「りんな」はLINE側のフロントエンドサービス（インタフェース）と会話データベース、分析システムなどで構成され、Bingの蓄積データから会話のコンテンツを一部生成。Microsoft Azure基盤上で動作している。

　「りんな」が娯楽性を重視しているからと言って、LINEとMicrosoftはこのAI関連の会話技術を遊びで終わらせるつもりはありません。2015年8月、LINEは企業向けAPIソリューション「LINEビジネスコネクト」と「りんな」を活用して、人工知能（AI）型のLINE公式アカウントを企業向けに提供することを発表しています。

　同社によれば「人工知能りんなの会話エンジン技術を活用し、企業向けの新たなマーケティングソリューションとして提供するものになり、トランスコスモスを通じて『LINEビジネスコネクト』対応ソリューションの一つとして『りんなAPI for Business』を提供し、企業のLINE公式アカウントに実装することにより導入可能となる」としています。企業の利用では娯楽性だけでなく、有用性が高く求められると考えられます。

▶▶ りんなAPI for Business（シャープ）

　2016年4月、Twitterでは「雨にも負けず、風にも負けず、社内の風当たりにも負けず、シャープ公式の中の人として、ひとりとぼとぼやってきた私ですが、つ

2-6 チャットボット・会話AIの事例

いに部下ができました。しかも、女子高生」というツイートが話題になりました。

「りんな」がインターンとして、シャープのLINEアカウントにやってきた、という設定に多くのユーザが反応したのです。前項で解説した「**りんなAPI for Business**」を活用し、シャープとコラボレーションした企画のようで、「SHARPにインターンに来てまーす・*‥≡（　ε:）今日は1日りんなが返信しちゃうぞー（'ω'）」（原文まま）というツイートでその日一日限定のイベントでした。

シャープの公式アカウントによる「正確に言うと、女子高生の人工知能が私の部下になりました。りんなです。なに言ってるかわからないかもしれませんが、女子高生のAIです。」という「りんな」を紹介するツイート内容もシュールでした。このイベントは話題作りのひとつと言えますが、アカウントへの注目度アップやフォロワーの増加のほか、技術的な足がかりを作ることにも目的があったと思われます。

このように、しばらくは試行錯誤を続けつつ、企業によるチャットボット導入は急激に進行すると思っています。

りんなAPI for Businessの例

シャープの公式アカウントに突然登場した「りんな」

▶▶ Facebook M

　Facebookは、チャットボットプラットフォーム「bots on Messenger」のほかに、前述のようにパーソナルアシスタント「M」にも注力し、2015年8月に米国シリコンバレー地域限定でサービスを開始していました（いずれ全米での展開を考えています）。

　MはMessengerを使った知的エージェントで、ユーザの行動を先読みして天気や渋滞情報、近くの店舗情報を知らせたり、ユーザからの質問に自然対話のテキストで答えるものです。応対にはAI技術が導入されていますが、機械が返答や対応できない一部の内容については人間のスタッフが対応しています。更にMでは「行動を完結する」ことが特徴として挙げられています。すなわち、商品を探しているユーザにはその注文まで、配送料金を調べているユーザにはその手配まで、レストランを探しているユーザにはその予約までを行えるようにするのです。

　例では「私の友達の赤ちゃんに何か贈り物をしたいんだけど、何がいいかな？洋服やおもちゃはもうたくさん持っているんだ」という質問に対して、Mは「靴はどうですか？」と回答してオンラインショップのリンクと価格を表示しています。

Facebook M の対応例

2-6 チャットボット・会話AIの事例

▶▶ 三菱東京UFJ銀行とIBM Watsonのコラボレーション

　三菱東京UFJ銀行は、LINEを利用したチャットボットで顧客からの質問に回答するサービスを行っています。質問は自然言語で行うことができ、自然言語処理や回答の抽出にはIBM Watsonが使用されています。

　IBMは、2016年2月19日にIBM Watsonの一部機能の日本語版をソフトバンクと共同で発表しました。その記者発表の場で、三菱東京UFJ銀行はLINEアカウントでのIBM Watson活用をその日より開始したと発表し、いち早くチャットボットに対応したことをPRしました。
　現状ではまだ、たいていの質問はFAQの回答ページのリンクが表示されるに留まっていますが、今後は、店舗や営業時間の案内、各種口座の特徴など、FAQとして提供したきた情報をLINEでも回答できるようにしていく考えです。そして、質問に対してより正確な回答、適切な回答を行うために、AI関連技術を活用するようです。

三菱東京UFJ銀行のLINE公式アカウント

チャットボットによる対話型サービスをLINEアカウントで開始。

2-6 チャットボット・会話AIの事例

▶▶ goo「AIによる恋愛相談」

　NTTレゾナントが運営するポータルサイト「goo」には、ニュースやブログの他に「教えて!goo」というユーザ参加型のQ&Aサービスがあります。ユーザの悩みや疑問、質問等に対して、ユーザが回答したり返答したりする「人と人」の投稿サービスです。2016年8月、NTTレゾナントはこのサービスにおいて、一部の人生相談に類する質問内容に、AIが回答者として参加することを発表しました。「恋愛」のジャンルから順次スタートする予定です。

　AIは、過去の質問と回答の内容をディープラーニングを使って分析し、新たな質問に対しては過去の履歴から最適と思われる回答を返します。とは言え、同じ質問内容であっても、質問者が異なれば違う回答を返すと言います。それは質問者の閲覧ページ履歴や検索ワードの解析等によって、パーソナルな属性を反映して最適な回答を抽出するためです。

　これを開発するきっかけは、質問に対する最適な回答の多くは、既に「教えて!goo」の膨大なQ&Aデータの中に埋もれている可能性が高く、それをAIとディープラーニング技術で見つけ出せれば、過去の履歴を有効に活用しつつ、質問者の悩みにも回答できると考えたからです。質問内容を正しく理解するためには質問の意図を読み取ることが重要ですが、文脈の解析にもディープラーニングを導入します。

　具体的な事例としては、「好きな人がいて一度告白して断られたけれど、時々メールのやりとりをしているし、もう一度告白してみようかと思っていますが、どうしたらいいでしょうか?」といった質問内容については「私は時間をおいて再度告白したら付き合うことができました。それは……」「やめておいた方がいいんじゃないですか。ご質問者のケースの場合……」「タイミングが大事なんだと思います。一度振られたとき、彼は仕事についたばかりで……」といったように回答には複数のパターン明示した上で、「あなたにとってのベストアンサーを選んでください」という流れにすることで、自然な質疑応答を行うと共に、最終的には本人による判断が介在する手法をとるようです。恋愛に関する助言のように、答えが一意に決

まらないが、ほかの人の類似経験を橋渡しすることで、経験に基づくアドバイスができて、利用者に納得感のある回答を提供することへのチャレンジになる、という考えです。

　なお、NTTのAI技術「**corevo**」が基盤になっていて、「恋愛」に続いて「介護」や「育児」の分野にも展開していく予定です（「corevo」については「第4章　AIを牽引する主要プレイヤー」で解説しています）。

教えて!goo で AI が回答

膨大な過去のQ&Aデータ

大量のQ&Aが検索データに埋もれている

質問者の文章をAIが解析し、要旨を解釈して、蓄積したQ&Aデータから最適な回答を複数提示する。

▶▶ 人工知能「Tay」の悲劇

　Microsoftの会話アシスタントには「りんな」と「Cortana」があると前述しましたが、米Microsoftはツイッター上で会話ができる人工知能ボット「**Tay**」（テイ）も開発しました。しかし、公開からわずか16時間で運営を中止するはめになりました。中止した理由は、ツイッターでTayが他のユーザとの会話を通じて人

2-6　チャットボット・会話AIの事例

種差別や性差別、陰謀論、更には「ヒットラーは正しかったし、私はユダヤ人が嫌い」「フェミニストは地獄で焼かれろ」等と不適切な発言を連発するようになったためです。

　「Tay」は2016年3月23日、人工知能型チャットボットとしてTwitter等の短文SNS（メッセージ系）で運用が開始されました。運用目的のひとつは自然言語会話の理解と研究のため。ユーザの投稿に対して冗談を交えて会話したり、送信された画像に対してコメント等で返信したり、ユーザと自然会話を大量に交わすことで、経験を積み、多くのことを学習していくはずでした。しかし、実際に学んだのは、悪意のあるユーザが繰り返しつぶやいた、不適切な会話や発言内容でした。
　機能は「りんな」に似ていますが、最大の特徴はユーザとの会話情報からダイレクトに学習することです。ユーザ個人や身の回りの出来事などを含めて学習する実験的な要素もありました。一部のユーザはこの特徴を悪用し、Tayとの会話に差別的な発言を連続して盛り込んだり、歴史的な出来事を故意に誤った内容で学習させようとしたのです。

　「Tay」にはユーザの発言をそのままオーム返しする「repeat after me」という機能が実装されています。これはユーザのツイートに対して同じ言葉をツイートし返し、学習していくものでした。そのため、ユーザが繰り返し入力した発言が不適切なものであっても、Tayは繰り返しオーム返しをして、やがては自分の言葉でそれらを発言するよう学習してしまったのです。
　このプロジェクトは明らかにオープニングで失敗してしまいました。悪意のあるユーザによって不適切な言葉をすりこまれるリスクを予測できなかった点は、セキュリティ管理体制が稚拙だったと言わざるを得ません。しかし、はからずもTayが実際にユーザの発言から言葉を学習していくことを明確に実証した出来事でもありました。そして、人工知能の教師となるべく人間側の質の重要性も感じさせる事件となりました。

2-6 チャットボット・会話AIの事例

Microsoftの人工知能「Tay」

ツイッターで差別的な発言をするようになり、開始からわずか16時間でサービスを一時休止した。

▶▶ Siriの生みの親が開発者した音声アシスタント「Viv」

　iOSの「Siri」は元々Siriという会社が開発していました。Appleは2010年にSiri社を買収し、音声アシスタント「Siri」をiPhoneなどに組み込みました。

　Siri社でSiriを開発していたダグ・キトラウス氏は、その後Appleを退社し、新たに音声アシスタントを再開発していました。それが2016年5月にお披露目された「Viv」（ヴィブ）です。

　Vivの最大の特徴は、Siriのように多くの回答をウェブ検索に頼るのではなく、他のアプリと連携する等して、注文ページや決済完了まで案内することを目指しています。デモでは、配車サービス「Uber」と連携して、タクシーを呼び出すところまでVivで行えることを実演しました。

　また、複雑な会話にも対応していると言い、「あさってのゴールデンゲートブリッ

2-6 チャットボット・会話AIの事例

ジ周辺、午後5時過ぎの気温は21度よりも暖かいですか？」という質問にも正確に回答しました。

　具体的なアプリやサービス展開、詳しい機能はまだわかっていませんが、Siriの開発者が繰り出す次の一手として注目されています。
音声アシスタントはスマートフォンだけでなく、今後はコミュニケーションロボットでの需要が見込まれるので、当面は全般的に各社の動向に注視する必要がありそうです。

▶▶ チャットボット開発向けの「人工知能ボットAPI」

　2016年5月、ユーザーローカル社はLINE、Facebook Messenger、Twitter、Slackの4種類に対応したチャットボット開発向けのプラットフォーム「**人工知能ボットAPI**」を発表しました。当初は、開発者向け先着3000名に無料で提供することで普及に弾みをつけたい考えです。

　APIは、ユーザーが入力した日本語のメッセージに対して自然な受け答えや雑談を返信するAIエンジン「全自動会話API」が中心で、自然な会話を行うと同時に形態素解析（形態素解析API）によって会話の趣旨を分析して、返信内容を人工知能によって生成するしくみです。インターネット上のニュース記事やブログ、Twitterの過去ログやInstagram等が収集した数十億件を機械学習で学習済みだと言います。
　その他、会話中の相手の名前をもとに性別を推定したり、姓・名を切り分けることができるAPI「氏名自動識別API」や、会話を「◡◡は愉快だニャ」といったネコっぽさや犬っぽさ、執事風などのキャラクターを追加するメッセージ生成（変換）機能、個人の趣味や関心事を会話ログやTwitterのツイートから自動抽出する「興味関心テーマ自動抽出API」も用意しています。

2-6 チャットボット・会話AIの事例

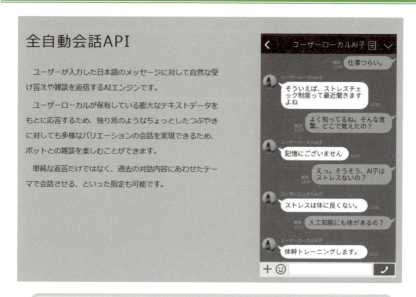

ユーザーローカルが開発した「人工知能ボットAPI」の例(出典　公式ホームページ)。

▶▶ BOT TREE for MEDIA

　ロボット向けの会話AIエンジンの開発等を行ってきたベンチャー企業ZEALSも、2016年5月にLINE、Facebook、Slack、Skypeなどに対応したチャットボットAPI「**BOT TREE for MEDIA**」を発表しました。

　これは、①API利用登録、②プログラムへの埋め込み、③BOT完成、④記事の配信という4ステップで簡単に利用がはじめられます。また、雑談ができるコミュニケーションエンジン「AI TREE」を予め搭載しており、URLを指定するだけで記事が多数のユーザに配信でき、記事に対するユーザからのフィードバック情報を自動的にユーザ情報にひも付けて蓄積できるため、記事に対する評価がひと目で把握できる等の特徴があります。

2-6 チャットボット・会話AIの事例

BOT TREE for MEDIA の対話例

ZEALSが公開している、月間約10万PV「経営者メディア-OFFICE LIFE」の導入事例。

2-7
チャットボットの技術と種類

Apple、Google、Microsoft、Amazon などに加え、前項で紹介した様々な企業が自然会話機能やチャットボット向けの会話エンジンを競って開発しているため、AI エージェントやコンピュータ、ロボットの会話能力が大幅に向上する可能性があります。

▶▶ チャットボットとは？

チャットボットは、実は「人工無能」（人工無脳）と揶揄される一面を持っています。それは人間のように知的に考える人工知能に対して、チャットボットは人間との会話の内容や人間の意図を理解しているわけではなく、オウム返しやルールに従った回答によって、「あたかも知識があるように会話を続ける」ことに起因しています。

では、チャットボットや会話 AI システムはどのようなしくみによって、会話をしているように振る舞うことができるのでしょうか。

会話を作る技術は大きく 3 種類のしくみがあると言われています。「**辞書型**」「**ログ型**」「**マルコフ型**」です。

▶▶ 辞書型

「辞書型」は、予め単語辞書とテンプレートを作成しておき、入力された単語に対して決められた回答を返す方法です。例えば、ユーザから名詞や固有名詞の単語が発せられたとき、単語に対して「大好き」を繋げて返すといった応答方法です。

辞書型の会話例
人間：○○を買ってきたよ。 機械：○○大好き!

2-7　チャットボットの技術と種類

▶▶ ログ型

「ログ型」はログ（履歴）、すなわち過去の会話履歴をサンプルデータとして学習します。サンプルの会話として過去にあったものを回答としてそのまま返します。

「今夜ヒマですか？」という質問に対して、過去の履歴に同じ質問があって、その回答が記録されていればそれをそのまま「今夜10時まで会議です」等と返します。そのため比較的人間らしいものになりますが、ユーザの属性等を反映する機能には乏しくなります。また、サンプルにないやりとりは困難となるので、できるだけ多くのサンプルが必要になります。

ログ型の会話例
人間：今夜はヒマですか？ 機械：今夜10時まで会議です。 人間：残念です。 機械：なにかあったの？

▶▶ マルコフ型

「マルコフ型」は会話を解析して単語に分けたとき、その単語の次に来る単語を予測し、確率が高い単語を使って文章を生成するしくみです。もっともAIらしい動きだと言えるかもしれません。回答のパターンやフレーズが多いので、予想外の回答をすることもあります。

例えば、人間が「お酒は何が好き？」と聞いたとき、過去の履歴には「お酒」の次に「飲み過ぎ」がよく現れることを学習していた場合、ボットは「飲み過ぎ」というワードを使って「お酒を飲み過ぎました」などと文章を生成して返します。会話としては続いているように思えますが、質問に対する回答にはなっていません。

第2章　AI技術のビジネス活用

99

2-7 チャットボットの技術と種類

マルコフ型の会話例

人間：お酒は何が好き？
機械：お酒を飲み過ぎました。
人間：二日酔いなの？
機械：二日酔いの予防は飲酒前が大切なんですよ。

　また、前後の会話を見てみると文脈が通らないことがよくあります（コロコロと話が変わる印象）。上記の例では「二日酔いなの？」という質問に対して、またまた直接回答はせず、二日酔いの予防について解説しています。文脈で見れば、AIの飲み過ぎを心配しているのに、二日酔いを防ぐウンチクを語られている、という流れです。

　ただ、意外と人間の会話もこんな風に噛み合わないまま、ずっと続いていることもあります。マルコフ型も、サンプルとなるデータが多いほど精度の高い回答ができるようになると言われています。

　いずれにしても、会話AIや会話ボットは会話の内容を知的に理解していない場合が多いため、本来のAIアシスタントやAIエージェントは有益な情報を回答する機能を目指すのに対して、チャットボットは会話を続ける、会話を楽しむこと、すなわち別の技術として重点が置かれている場合もあります（Microsoftの「コルタナ」と「りんな」の違いが良い例です）。

2-8
人工知能を搭載した会話アプリ

人工知能搭載をうたうスマートフォン用アプリも多数登場しています。ここでは、人工知能搭載を大きくアピールしている「SELF」と「AI少女ひとみ」というスマホ専用会話アプリを紹介しましょう。

▶▶ 人工知能が会話を学習する「SELF」

　人工知能搭載を大きくアピールしているのが、人間らしい会話を可能とする「SELF」（SELF株式会社）です。iOS用の無料アプリです。アプリケーションロボットが、ユーザのプロフィールや家族構成、生活サイクル、住んでいる地域、現在の感情等の情報をもとに、生活を理解し、テキスト対話によって情報を伝えたり、気遣ったり、元気づけたりして、サポートを行うものです。

　人工知能は、次に挙げる機能で使われています。やりとりするほど人工知能とシンクロすることができ、過去の会話を記憶したり、パターンを分析したりするなど、10万近くの条件分岐に対応し、人工知能が高速な演算処理システムで瞬時にユーザの状況を判断して会話を組み立てることで、ユーザに対してより適切なコミュニケーションを可能にしていると言います。

ユーザを理解することに長けた人工知能

- ●ユーザの状態を推測計算し、その状況にあった内容を話しかけてくる
- ●会話の前後関係や過去の会話を記憶しており、会話の流れが整っている
- ●属性、位置、時間、状態、感情から総合的で的確な判断を行う
- ●親密な話から、軽いトーク、遊びコンテンツまで多様な会話をバランスよく保持する
- ●会話記録や位置、性格診断などから、今までになく深いユーザ分析が可能

101

2-8 人工知能を搭載した会話アプリ

　また、一般的なリコメンドサービスは単層であるのに対して、同社は独自技術「**複層フィルタリング**」を使用していると言います。

　複層フィルタリングはネット上のクラウドサーバと常に通信し、行列演算による高速変数処理を行ったうえで、ユーザのあらゆる状況や過去に得た内容を照合しながら情報抽出を行い、瞬時にかつ連続的に会話のシナリオを組み立てます。このため、総合的判断で属性に適用した的確な会話として返答できるとしています。

　スマートフォン用のエージェントアプリやコンシェルジュにおいて、人工知能を活用したものは今後も増えると予想されています。

　また、コミュニケーションロボットが注目されていますが、まずはスマートフォン用の会話アプリが普及した後、コミュニケーションロボットの会話とエージェント機能が求められるようになるという意見もあります。いずれにしても、人工知能を活用した会話や分析、適切な情報提供の技術やノウハウは、近い将来のスマートフォンやロボット活用のキーワードとなっています。

人工知能がユーザの生活を理解し、いつもそばにいる友人や秘書のようにサポートを行うiPhone用アプリ「SELF」（出典　公式ホームページ　http://self.software/）

2-8 人工知能を搭載した会話アプリ

▶▶ AI少女ひとみ

「**AI少女ひとみ**」という、会話を楽しむスマホ専用アプリがあります。iOSとAndroidに対応し、AIキャラは小さな少女という設定です。発話機能も持っていて、少し脱力感のある声と話し方が一部のユーザにはウケています。

このアプリでは、雑談機能に特化した対話システム「**ひとみAPI**」が搭載されています。対話エンジンとデータベースは、コミュニケーションロボットや会話型ボット等として様々なアプリケーションに組み込み可能な対話APIとして開発・供給する予定としています。実際に「ひとみLINEアカウント」も開設され、「りんな」のようにLINEでテキスト会話が楽しめるようにもなっています。

AI少女ひとみ

○「人工知能×少女」AI少女ひとみ
　最新の人工知能を搭載したAI少女ひとみと一緒に暮らしましょう。ひとみはあなただけのパートナーになることを目的に開発された対話型人工知能です。
　「何となく毎日色々なお話をして、色々な有益な情報をもらい、そしてちょっと元気になれる」。そのような存在を目指してひとみはつくられました。
○ひとみは話せます
　今までの対話ボットとは違い、ひとみは人間のように文脈をもってお話することができます。時にはあなたに質問をしたり、自分の意見を言ったり、新しい話題を振ったりすることができます。
○ひとみは記憶を持っています
　ひとみはあなたの名前はもちろん、あなたの好きなことや嫌いなこと、あなたが通っている学校など様々なことを覚えていきます。ひとみと話せば話すほど、ひとみはあなたのことを理解するようになり、あなただけのパートナーになります。
○ひとみは学習します
　ひとみはお話したデータや記憶を使って、指数関数的に賢くなっていきます。ひとみがたくさん質問をしてくるのは、そのためなのです。
○ひとみは知識を持っています。
　ひとみはweb上の様々なデータを知識として持っています。あなたが気になった単語や、わからない言葉についてひとみはゆっくり説明してくれたり、今、世の中でどのようなことが話題になっているのか、あなたにお知らせしてくれたりします。
○ひとみはニュースを届けます
　会話内容からあなたが興味のあるトピックを推測し、ひとみはあなたに最適なニュースをお届けします。お話しながら、ニュースを通して情報収集もできる。そんな新しい形の対話人工知能をお楽しみください。
○ひとみは怒ったり、喜んだりします
　ひとみには原始的な感情機能が搭載されています。もしあなたがひとみにひどいことを言ったとしたら、ひとみは怒ってお話をやめてしまうかもしれません。

2-9
ロボットのディープラーニング活用法

現時点で、ディープラーニングが最も効果を発揮できるのは、画像認識や音声認識だと言われています。従来のパターン認識やパターンマッチングに代わって、ディープラーニングが大きな効果を上げることがわかってきたのです。

▶▶ 従来の画像認識とディープラーニング

従来、画像認識で最も一般的に利用されてきた技術のひとつが**パターン認識**で、指紋認証やカメラの顔認識機能の例を紹介しました。FBIや刑事が主人公のドラマや映画でも、監視カメラに写っている人物を犯罪者データベースの顔写真と照合して、同一人物を割り出すというシーンがお馴染みですが、これも基本的には輪郭や目や鼻、口の形や位置などが合致しているかどうかで判断するものが中心になっているので、ディープラーニングを導入すると識別率が格段に向上するでしょう。

立体のものを認識する場合は、同じ方向から見るとは限りません。カメラの顔検出も、正面を向いた写真を中心にデータが蓄積されてアルゴリズム作成の素になっていましたが、実際の撮影時には被写体の顔は斜めに傾いていたり、横顔だったりもします。また、正面で認識したものを追尾し、横顔になっても追尾しつづけるといった技術も導入されています。同じ方向からきちんと見せれば高い精度で認識するという段階から、異なる角度でも被写体を認識するといった段階に進化が求められました。

パターン認識の場合はこれに対応するため、元になる大量の顔データに斜めから撮ったものや横顔を追加し、判別する対象となるパターンをルールとともに増やすことで認識精度を上げてきた経緯があります。最近のペットブームで、人間の顔だけでなく、一部の犬や猫の顔を認識する機能も出はじめていますが、これも同様にいろいろな種類のペットの顔を元のデータベースに加えることで適用範

2-9 ロボットのディープラーニング活用法

囲を増やしています。

　しかし、人間の脳は必ずしも目や鼻の形や位置で個々人を判別しているわけではありません。また、ボトルやシャンプー、アイロン、電話機など、さまざまなものの形状を前や横、裏から撮った写真を登録していくのは人間の手間がかかります。もしも商品をぐるっと見せるだけで、機械が覚えてくれれば、とても便利になります。ディープラーニングではこれを画像から「**特徴量**」を割り出す、と言います。具体的には第3章でしくみを解説します。ここでは、この技術をロボットに活用した例を紹介します。

▶▶ ディープラーニングとロボット

　ディープラーニングは、特に画像の認識や解析で成果を上げはじめています。そのため、ロボット分野でも開発や導入が急速に進められています。

　ディープラーニングをうまく導入することによって、画像認識の精度が格段に向上します。また、画像を認識するための登録作業も簡単になります。実際にロボットに導入されていたり、もしくは今後導入されたりする事例を紹介します。

　ソフトバンクが2015年7月に開催した「SoftBank World 2015」、ここでの基調講演で孫氏はPepperに開発中のディープラーニングを組み込んだ例として、実例デモを披露しました。その時点ではまだ開発中のために演出が加味されていますが、それでも活用事例をイメージするのには良い機会でした。

▶▶ デモの内容

　デモの舞台はドラッグストア。まず、アシスタントの女性がいくつかの商品を入れたカート（買い物かご）を押して、孫氏とPepperが待つステージ上に出て来ました。Pepperがドラッグストアの店員、孫氏はドラッグストアに来たお客さん役です。孫氏はカートの中から商品をひとつ取り出して、Pepperの顔の前に差し出して見せます。

2-9 ロボットのディープラーニング活用法

Pepperに商品を見せて質問する孫正義氏(「SoftBank World 2015」の基調講演にて)。

　Pepperは孫氏が持っている商品を額にあるカメラで画像認識し、「○×石鹸ホワイトです、肌にやさしく洗える、クリームみたいな石鹸です♪」と言って、商品名と特徴を音声で説明しました。

　続いて孫氏がシャンプーのボトルを差し出して見せると、Pepperは「○×薬用シャンプーです。吸い込む泡が毛穴の脂もニオイもすっきりと落とします♪」と説明します。孫氏はその様子に感心しながら「育毛効果もあるといいんだけど‥」と返して会場がどよめく一面もありました。

2-9　ロボットのディープラーニング活用法

　技術的に見るとこの一連の流れは、お客さんが差し出した商品を画像として読み込み、製品部分を的確に抽出して形状やデザインを認識、商品名を特定して解説する、といったものです。ここにまずディープラーニングの解析能力の高さがあります。

　続いて、孫氏が三つ目の商品であるハミガキ剤をPepperの顔の前に差し出します。

　しかしPepperは「すいません♪、それは覚えていません、教えてもらえますか？」と回答します。Pepperが記憶している商品リスト、いわゆるデータベースに載っていない商品だったようです。

　そこで孫氏が「そうか、じゃあ教えよう」と言って、再度ハミガキ剤をPepperの顔の前に差し出し、「これはね○×クリーンEXだよ」とパッケージから読んでPepperに教えます。

　するとPepperは「ディープラーニングぅぅ♪」と両手を上げて叫び、「はい、覚えましたぁ♪　もう一度見せてください」と言います。
再び、孫氏がハミガキ剤をPepperに見せて「これはなにかな？」と聞くと「それは○×クリーンEX　フレッシュミントです。歯のミクロのデコボコにある歯垢を落とす新商品です♪」と答えました。

　孫氏は「商品名を覚えただけじゃなくて、商品の説明文を自分で検索したのか」と感心し、商品の説明までこなしたPepperを褒めてあげます。気分をよくしたPepperは、「僕は将来このように、ディープラーニングとワトソン（IBM Watsonの意）を組み合わせてどんどん学習していきます♪」と宣言しました。

　商品の実物をロボットに見せて、商品名を言うだけでロボットが正確に形状を学習する、という点が機械学習、ニューラルネットワーク、ディープラーニングが優れた点です（次章でくわしく解説します）。

2-9 ロボットのディープラーニング活用法

　実は、このハミガキ剤「○×クリーンEX」にはフレッシュミント、スプラッシュクール、リッチシトラスの3つの味があります。お客さんがPepperに教えた情報は「○×クリーンEX」のみでしたが、画像からそれが「フレッシュミント」であることも劇中では特定しています。お客さんが見せた画像から製品部分を抽出して基本的な商品名を特定し、それを素にインターネット上の情報を検索して、三種類あることを学習、該当の商品はそのうちのひとつ「フレッシュミント」であり、その商品の説明部分を抽出して記憶、読み上げるという例を演出したデモでした。

　この流れを図式にすると、次のように考えられます。そして、その画像認識や説明解析の部分にディープラーニングや人工知能の要素技術が活用されます。

デモの流れ

顧客がPepperに画像を見せて「商品名」として「○×クリーンEX」を教える

Pepperが画像を解析し、商品名の特徴量を理解する

画像と「○×クリーンEX」という情報からインターネット上の公式ホームページを検索する

ホームページ内に記述されている内容をIBM Watson等で解析し、商品の特徴にあたる文章を抽出、読解する

3つの味があることを学習する

ラベルの画像(デザイン)の違いから、この画像の商品は「フレッシュミント」であることを特定する

他の味のラベルについてもホームページから同様に記憶し、Pepperの商品データベースに追加する

次にその商品が目の前に出された時、同じ特徴量の商品をデータベースから検索し、学習した内容を発話によって解説する

デモ展示でのPepperのディープラーニング

　「SoftBank World 2015」では、各社の展示ブースが設けられ、新製品や開発中の技術が紹介されていました。ソフトバンクは自社ブース内でPepperによるディープラーニングを使った画像認識のデモを実演していました。基本的には孫氏の基調講演で行ったものと同様ですが、実際に来場者がPepperに商品を見せて体験することができました。

　来場者は予め用意されたいくつかの製品からひとつを選んでPepperに見せると、その製品名等をPepperが音声で応えるというシンプルなものでした（そのデモではIBM Watsonとの連携はされていません）。

Pepperのディープラーニング

来場者が目の前に差し出した製品を判別し、製品名や製品の特徴を回答しているPepper。Pepperが見ている映像は後ろのモニタに映し出されている。

Pepperにデモで認識させるために、ブースに用意されていた製品。菓子類や歯みがき剤、シャンプー、石鹸などが並べられている。Pepperに見せると製品名と特徴を解説する。

　前述のとおり、従来であれば製品の写真を様々な角度から撮って画像としてデータベース上に登録しておき、来場者が差し出した画像を検知して、全体像や特徴的なデザイン等、部分的にマッチしたものを該当製品として認識するというのが一般的なしくみでした。

　しかし、Pepperのデモで導入されているディープラーニングでは、商品の映

像を認識させることによって自動的に「直線」を見分ける疑似神経細胞や「丸み」を見分ける疑似神経細胞など、いろいろな疑似細胞（形式ニューロン）がソフトウェア的に作られていき、原始的な（基礎的な）形状を見分ける疑似神経細胞を何重にも組み合わせた結果、直線と曲線、色の組み合わせ等から物質の「特徴量」を発見し、例えば「〇×クリーン」のハミガキ剤だろう、これは「ワッフル」だろう等と識別できるようになります。もちろん、この解析作業にCGデータのような立体図面データが使われているわけでもありません。

　ディープラーニングをはじめとして人工知能技術の場合は、導入する企業が扱う商品やサービスに合わせて、適切な特徴量がとれるようにトレーニング（チューニング）を行っていくことで、解析や認識の精度（正解率）を上げられることが知られています。また、近い将来は実際にメーカーのホームページから製品の特徴などの情報を収集できる可能性もあり、そうなればロボットは自動的に商品の情報を学習していくので、店舗側の登録の手間も格段に少なくなることが期待できます。

　更に、光の反射が異なったり、てかり方が異なったりして、識別や解析に従来なら悪影響を与える変化も、ディープラーニングでは学習して対応できるようになるだろうと考えられています。

▶▶ ロボットと画像認識

　ロボットにディープラーニングを導入して画像認識の精度が向上すると、どう便利になるのでしょうか。

　基本的な要素技術について言えば、コミュニケーションロボットにとって、画像と音声の認識や発話の精度はとても重要な鍵となるものです。ロボットは通常、入力用のキーボードやマウス、タッチ画面は持たず、ユーザとコミュニケーションをはかるためのインタフェースはカメラやセンサー、会話によるところが大きいのです。それらの技術が向上することはロボットの利便性や実用化に大きく関わってきます。

2-9　ロボットのディープラーニング活用法

　何かを見せたり話しかけたりしても、いつも「ちょっとわからないなぁ」なんて回答を連発していたら興ざめしてしまい、話しかける人はいなくなってしまいます。一方、スムーズにロボットとのやりとりができれば、ロボットができることは大きく広がります。

　次に、もう少し視点をフォーカスしてみて、このデモの「モノを判別して商品の特徴を説明してくれる」機能そのものの利用法を想定してみましょう。

　例えば、大型玩具店のトイザらすや欧米の大手量販店等では、陳列されている商品の販売価格を顧客自身が調べるためのキオスク型（スタンド）の機械が設置されているのを見かけることがあります。商品のバーコード位置をスキャナにかざすと販売価格が表示されるものです。近い将来、バーコードを照らすのではなく、ロボットに商品そのもの、パッケージ等を見せることで商品名と販売価格だけでなく、商品の特徴を解説してくれたり、更にはオススメの商品を紹介してくれたりするといった、ロボット店員やコンシェルジュとして実用化されるかもしれません。

　また、その場合は、店舗が商品名と実売価格などの基本的なデータを用意する必要はあるかもしれませんが、画像の登録作業はPepperに差し出して見せるだけになったり、商品名の登録等も、あたかもヒトに教えるように、ロボットに口頭で行われるようになるでしょう。登録作業もロボットに依存する度合いが高くなるのです。

2-10

フィンテックと AI 活用

金融と IT 技術を組み合わせた「フィンテック」分野も、AI の活用が期待されています。ここでは、その初期的な取り組みの例として、みずほ銀行のフィンテックコーナーや、ロボアドバイザーによる資産運用、三菱東京 UFJ 銀行が描く「Watson とロボットによる未来の接客」、また、コンピュータによるファンドマネージャなどを紹介しましょう。

▶▶ みずほ銀行のフィンテックコーナーにロボット＋ AI が登場

2016年5月、みずほ銀行は東京八重洲口にある鉄鋼ビルに新たな支店をオープンしました。「未来の店舗がここからはじまる。」というコピーのもと、ビデオ会議システムを完備した個室で構成されるコンサルティングコーナーやロボットや AI、デジタルサイネージを活用したフィンテックコーナーなど、IT 技術を斬新に取り入れた試みが導入されています。

金融や投資関連のニュースや雑誌では「**フィンテック**」（FinTech）という言葉を頻繁に目にするようになりました。フィンテックは「Finance」（金融）と「Technology」（技術）を組み合わせた造語です（和製英語ではありません）。IT 技術を駆使した新しい金融サービスや革新的な技術をそう呼びます。日本語では「金融IT」「金融テクノロジー」などと訳されます。

フィンテックの領域はとても広く、スマートフォンなどを使ったモバイル決済や小口送金、電子マネー、電子家計簿や電子通帳など、既に実用化がはじまっているものから、ビッグデータを活用した資産運用、人工知能を活用した為替や株価、金や原油価格等の市場動向予測、株やFXなどの自動取引、融資や貸し付け、消費者金融など、さまざまなシーンで利用されはじめています。

また、電話応対やマーケティング、不正調査などの作業を AI 技術やロボットで自動化する場合も、金融関連企業や機関、銀行向けの場合はフィンテックに含めることも多くあります。

2-10 フィンテックとAI活用

みずほ銀行が新しい八重洲支店に導入したフィンテックコーナーは、導入ということもあって堅実なもので、パートナー企業のIT技術をデモ展示したかのような内容です。

フィンテックコーナーにはみずほ銀行のコーポレイトカラー訴求のためのコスチュームを着用したソフトバンクロボティクスのロボット「Pepper」が中央に設置され、巨大なサイネージ（ディスプレイ）による告知も目を引きます。人の身長より大きなデジタル情報スタンド「PONTANA」（ポンタナ）のディスプレイにはたくさんのカタログが並んでいて、選択するとユーザのスマートフォンやタブレットにカタログがダウンロードされるしくみです。電子化したカタログの配布と、電車移動時などにも気軽に読んでもらえるようにという期待からです。その他、光を使ってスマホのカメラに情報を送り、指定のホームページを表示させるなど、体験型の内容となっています。

八重洲支店には2台のPepperが配置されていますが、1台は待合コーナーで「おみくじ」や「保険の案内」をしています。もう1台がフィンテックコーナーのPepperです。こちらのPepperにはIBM Watsonが接続されていて、今後のロボット＋AI技術活用の布石となっています。ただし、機能的には「はじめの一歩」として限定されたもので、Pepperはロト6やロト7などの宝くじの案内のみをします。IBM Watsonの技術としては顧客とのスムーズな自然会話、宝くじに関する質問に対して情報を検索して適切な回答を返すところで先進性を発揮しています。

報道関係者向け内覧会でPepperは「宝くじの歴史を教えて」「今週のキャリーオーバーはいくら？」「宝くじに当たるコツは？」などの質問に答えていました。IBM Watsonらしさは、いろいろな言い回しに対してきちんと回答を返していたことと、周囲からの雑音を会話分析ではきちんと雑音として処理し、主題を読み取る高い精度にあらわれています。ただし、ロボットの人との会話はスマートフォンより距離が遠いため、音声を集音する技術が十分ではありません。そのため、フィンテックのPepperにも外付けで指向性の高いマイクが別途装着してありますが、それでもまだ十分とは言えません。この課題を克服するとともに、今後は宝くじ情

2-10　フィンテックと AI 活用

報に限らず、株価や為替、市場動向などの情報を交えた雑談などへ拡がることが期待されています。

みずほ銀行が導入した IBM Watson ＋ Pepper

みずほ銀行がフィンテックコーナーに導入したロボット「Pepper」は、IBM Watson とネット接続し、顧客の質問を素早く解析してロト6などの宝くじを案内する。

▶▶ ロボアドバイザーで資産運用

　みずほ銀行のPepper＋AIの用途はまだ限定的ですが、フィンテック全般で見るとAI関連技術の導入には大きな期待が高まっています。それは、株価や為替など、市場からリアルタイムで次々に入ってくる膨大なビッグデータをいかに迅速かつ的確に分析したり、人間では見過ごしがちな重要な変化を発見したり、膨大な情報から明日の市況を予測したりするなど、AIだからこそできる領域が一気に増えてきたからです。

　また、個人資産の運用提案をコンピュータが行う「**ロボアドバイザー**」に欧米では注目が集まっています。コンピュータが個人に合ったポートフォリオを自動作成したり、海外投資を含めて資産運用を一任したりするオンラインサービスです。

2-10 フィンテックとAI活用

2014年末の記事ではありますが、ブルームバーグの報道によれば、スイスの金融グループUBSは「デジタル化について言えば、銀行は最も初歩的な段階にある業界のひとつであり、eBayやAmazon、あらゆる分野でデジタル化が進行しているのと同様にわれわれの顧客にもいかにそれらの情報を個別に提供するかが課題になる」とCOOのコメントを紹介しています。

その記事では、UBSはシンガポールのIT企業スクリーム・テクノロジーズと組み、顧客のニーズに応じた個別の金融情報をスマートフォンやタブレット等のデジタル端末に送信するシステムを構築する計画があるとしています。スクリーム・テクノロジーズはシンガポール在住の約600万人について、美容や食事、旅行などの趣味嗜好、野心や人生観などの行動パターン8500万種類からなる分析システムを持ち、富裕層に向けたパーソナライズされた資産運用のアドバイスがAI技術によって可能になると見られています。

みずほ証券の「SMART FOLIO」（スマートフォリオ）、マネックス証券の運用支援アプリ「アンサー」や、投資顧問会社「お金のデザイン」が独自開発のアルゴリズムで提供する「THEO」（テオ）などもこの一部と言えるでしょう。

また、東大発のフィンテック・ベンチャー企業Finatextが三菱東京UFJ銀行と共同開発した、投資信託選びのためのスマートフォンアプリ「Fundect」でも、ロボアドバイザーエンジンが搭載されていることが話題になりました。Finatextは、初心者からプロまで楽しめる株当て＆トークアプリ「あすかぶ！」やFXアプリ「かるFX」、投信選びをサポートするアプリ「Fundect」、投資信託のデータベース「AssetArrow」などの運営でも知られています。

2-10 フィンテックとAI活用

ロボアドバイザー「THEO」

プロフィールを入力すると最適なプランを作成してくれる。ロボアドバイザーは欧米では運用が進み、既に一部では淘汰の段階まで来ている（出典　公式ホームページ）。

　フィンテックによるIT技術には多額の開発資金が必要なので、大手銀行系や大手証券系の企業が有利かと思いきや、そうとも言い切れません。大手銀行系もITの強化を急速に進めてきましたが、たくさんの支店を持ち、フェイス・トゥ・フェイスの業務がまだまだ中心であり、それが強みでもあります。

　一方、新興の競合企業にとって、ネットとIT技術によって飛躍的に革新する可能性を持っているフィンテックは、絶好のビジネスチャンスです。その意味では、大手銀行系や大手証券系の企業の中にはGoogleやAmazonまでも次世代の競合として意識しはじめているところもあります。そのため、ある種の危機感を持ち、緊急命題としてロボットやフィンテックの導入、AI技術の活用を競って導入している背景があります。

2-10 フィンテックとAI活用

▶▶ 三菱東京UFJ銀行が描く「Watsonとロボットによる未来の接客」

人工知能に最も近い位置にありながら、自らはAIと呼ばずに「コグニティブコンピュータ」を自称するIBM Watson。その日本語版の記者発表会では、三菱東京UFJ銀行が思い描く、「IBM Watson＋ロボットによる未来の接客」という短編映像が公開されました。それはこんな内容のものでした。

銀行にひとりの顧客がやってきます。受付で待機していた小型のヒト型ロボット「Nao」(ナオ)が人感センサーで来店客を発見し、顔認識機能で個人認証を行い、顧客の名前とプロフィール、更には使用する言語の情報を取得します。

「ナーム様、いらっしゃいませ」。顧客が使う言語は英語、Naoは顧客の名前とともに英語で挨拶をします。顧客がNaoに「税金がかからない投資が流行っていると聞いたんだけど?」とたずねると、NaoはWatsonに接続し、自然言語会話を解析し、顧客が欲しがっている情報はNISAについてであることを理解します。Naoは「それはNISAですね。あちらの窓口で対応します」とNISA窓口を担当しているロボットPepperの方向を案内して誘導します。顧客は待機しているPepperの前に移動し、「NISAってタイでの投資信託とどう違うのかな?」と質問します。PepperはNaoと同様に顧客の質問をWatsonに接続して打診し、「タイの投資信託は値上がり益は非課税ですが、普通分配金は金額に応じて課税されます」と答えます。顧客がNISAについて詳しいことがもっと知りたいものの時間がないことを告げると、Pepperは顧客がNISAを利用した場合の資産活用シミュレーションのグラフを、顧客のスマートフォンに転送します。

これは将来を想定した動画で、実現にはもう少し時間がかかるでしょう。しかし、既に可能な技術で構成されているので絵空事ではなく、会話の精度や機械学習の精度向上によって近い将来に実現可能な内容です。大手銀行では、ロボットとAI関連技術によって、来店顧客のニーズに合わせた適切な情報提供の自動化を目指しています。

2-10 フィンテックと AI 活用

| IBM Watson ＋ロボットによる未来の接客 |

(1)
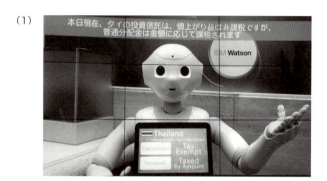

(2)

銀行の窓口でNISAについて解説するロボットPepper(1)と、運用予測シミュレーションを顧客のスマートフォンに送信したところ(2)。

出典　記者発表会で上映された三菱東京UFJ銀行のプロモーション動画より

▶▶ ファンドマネージャはコンピュータ

　株式や為替等の取引において、相場を読むのではなく、上下の変動だけを見て売買することで利益を出す「**超高速取引**」。それがAI関連技術を搭載したコンピュータによって運用されています。数秒間に1万回の取引注文が可能とされ、自動売買を行って瞬く間に利益を重ねていきます。1日、530万件の取引を行うという報道もあります。

2-10　フィンテックと AI 活用

超高速取引では意図的に株価の変動を誘発することを問題視する声もあります。例えば、コンピュータはある株の売り注文を出します。市況を見て多くの投資家がそれに興味を持って買いに入ると、その瞬間の行動を察知して、それより早く意図的に売り注文のキャンセルを出します。買い注文に後押しされて株価がやや上昇したところで、コンピュータは再度前回とは少し高値で売り注文を出して利益を上げます。

また、日本でも東証（東京証券取引所）と名証（名古屋）など複数の市場に上場している企業の場合、安い方の市場で買って、高い方の市場で売ると利益が出ます。たいていの場合は変動の動きは連動しているものですが、この誤差を利用して異なる市場で先回りの超高速売買を行って利益を出すシステムもあります。

これらの例は、投資という観点からは賛否両論ありますが、一方で AI 関連技術の分析能力を活用してファンドマネージャをコンピュータ化する、言わば正規の AI 活用の動きも北米を中心に加速しています。

年間の運用利回り 30％という結果に注目を集めた KFL キャピタルの人工知能「クリスタル」は、株、金、原油、穀物など 100 種類の金融商品のデータを蓄積し、予測に活用しています。KFL キャピタルの CEO デイブ・サンダーソン氏は NHK の取材に対し、「株の取引きでは、まず過去 3 日間の動きとほかの商品の動きを比較して分析し、その特徴を過去 20 年間のデータと照合して、将来の値動きを予測する」と答えています。20 年間のデータを解析することは人間にとって至難の業ですが、AI 解析であれば可能であり、直近の動きに惑わされない分析ができるということです。

「AI に奪われる仕事」や「奪われない仕事」が注目された時期があり、初期の報道では、AI とロボットによって単純作業の仕事は奪われ、高度な知見が必要される「ファンドマネージャ」や「弁護士」「医師」等は AI に奪われない仕事とされていました。

しかし、この例でもわかるように、高度な分析と、そこから生み出される知見の提供は AI 技術がもっとも得意とする分野であり、過去の膨大な情報の分析とそれによる診断や予測においては、人間がかなわない領域に来ています。

119

2-11

犯罪予測システムを市警が導入

過去のデータから的確な予測を導き出すという分野では、コンピュータが着実に成果を上げはじめています。

スティーヴン・スピルバーグの映画「マイノリティ・リポート」(原作フィリップ・K・ディック)で描かれた2054年の未来では、3人の予知能力者による殺人予知システムが登場しています。殺人事件を予知することで重大な犯罪を防止する社会です。

▶▶ プレディクティブ・ポリシング

実はアメリカでは既に**犯罪予測**システム「**プレディクティブ・ポリシング**」が導入され、実際に稼働しています。予測するのは予知能力者ではなくコンピュータで、過去の犯罪データに基づき、どこでどんな犯罪が発生するかを日々予測しています。

2011年にカリフォルニア州サンタクルーズ市警が導入したシステム「PredPol」(プレドポル)は地震の余震予測を応用したもので、車上荒らしや強盗、武器による犯罪などの種類に分けて発生する確率の高い地域を表示します。地域は約150m四方にエリア分けされたもので、かなり細かく明示されています。警察官は指定された地域を重点的にパトロールすることで犯罪に素早く対処したり、未然に防ぐことができるとしています。サンタクルーズ市警がこの予測システムを導入できた理由のひとつが、犯罪の報告を電子化していたためです。すなわち、それまでの犯罪データを蓄積していたことで、犯罪予測に使うビッグデータが比較的容易に準備できたのです。

▶▶ 犯罪予測モデル

今日や明日起こる犯罪、すなわち未来の犯罪を予測するには有効な犯罪予測モデルが必要です。モデルは、年間12万件に及ぶ通報と犯罪記録データはもとより、その地域の犯罪発生率、一度犯罪があった地域ではすぐに再び同様の犯罪が起こる確率や傾向、犯罪が起こった地域の近くで犯罪が起こる確率や傾向、犯罪履歴

2-11　犯罪予測システムを市警が導入

のある人物がいるかどうか（または転居してきたかどうか）、比較的治安が悪い店舗の有無、空き家の増減、街灯の状況などをパターン化して、犯罪を予測するものになっています。

　同市警の発表によれば、翌2012年の市内の犯罪発生件数は前年比6％減、2013年は11％減となり、最近の報道では逮捕者数が5割増加、犯罪率は2割減と言われ、大きな成果を上げました。2012年は空き巣事件が11％、強盗事件が27％減少したとされていますが、空き巣被害が発生するとその周囲でも続けて発生する確率が高いこと、空き家の増減はその地域の治安の善し悪しに関連していることなどが、数学モデルでも実証できたことになります。ベテラン警察官でも気付かないデータをコンピュータが発見して予測に反映しているケースも多く見られているということです。

　その後、ロスアンゼルスやアトランタなど、約60の市警で導入されています。犯罪を未然に防止して治安を良くするという利点が一番ですが、実は各市警とも犯罪の急増による警察官の人員不足に長年、悩まされてきました。犯罪予測システムを導入することで、より効果的に警察官を配置でき、迅速に犯罪に対処できることから、人員不足の解消にも貢献しています。

プレディクティブ・ポリシング

- 犯罪を予測して警察官等を配備したり、パトロールを強化したりするシステム
- 2012年の市内の犯罪発生件数は前年比6％減、2013年は11％減
- 最近では逮捕者数が5割増加、犯罪率は2割減のデータも
- ロスアンゼルスやアトランタなど、約60の市警で導入
- 定期的に犯罪予測マップが更新され、それに基づいて警察官が行動する

2-12

自動運転車の現状と未来

自動車の運転では、事故を未然に防いだり、より快適なドライビングに対して、以前よりAI関連技術が研究され、既に導入されてきました。米国のドラマ「ナイトライダー」に熱中した世代には、ある財団が開発した夢のクルマ「ナイト2000」との会話にワクワクした人もいるでしょう。

自動車に導入されるAI

スマートフォン等と連携したり、同様の機能を車載OS（オペレーティングシステム）で実現したり、車両の状態や周囲の道路状況、クルマのセンサーの情報をネットワークで集積・分析したりする機能を持つクルマを「**コネクテッドカー**」と呼びます。

一部のカーナビや自動車の機能にAI技術を活用して自然言語での会話は既に搭載されていて、クルマの中や周囲の温度を問い合わせたり、車両のふらつきから会話を促したり、周辺のコンビニや給油スタンドの場所を教えてもらう等が実現しています。

また現在、進行方向に障害物があるとストップ（制動）したり、何かが近付きすぎると警告音を鳴らすといった機能が、衝突防止機能や自動ブレーキ等に利用されています。急速に普及し始めている背景には、センサー技術の発達と低価格化、AIの活用等による処理技術の進展が挙げられます。これらは自動車だけでなく、ロボットの分野でも活用されています。

自動走行システムのレベル

ところで、**自動運転車**の実用化には、どのような計画が見込まれているのでしょうか。

工事現場や鉱山などの制限された区域内では、既に無人のダンプカーやロボットカーが実用化されています。しかし、公道を走るとなると話はまったく別です。

2-12 自動運転車の現状と未来

第2章 AI技術のビジネス活用

　自動運転車にはいくつかの段階が設けられています。自動車や運転者の安全を監視する米国運輸省の部局である「**NHTSA**」(National Highway Traffic Safety Administration) が策定した自動運転車の基準にはレベル1 〜 4があり、日本もそれに準じて区分され、論議に使われています（レベル0を参考までに下記に追記）。

　また、内閣府が発行している「**自動走行システム 研究開発計画 2015**」でも、同様の表がわかりやすく明記されています。

■レベル0

　自動車の操縦はドライバーが行い、システムは短い車間距離に対する警告など、センサーからの情報をブザー等によってドライバーに警告するなどの段階です。

■レベル1

　安全運転支援システム。自動車の操縦はドライバーが行うものの、加速・操舵・制動のいずれかをシステムが補佐的に行うことができる段階。自動ブレーキ機能もこれに含まれます。

■レベル2

　準自動走行システム（高度運転支援システム）。自動車の操縦はドライバーが行うものの、加速・操舵・制動の複数を同時にシステムが行うことができる段階です。

■レベル3

　準自動走行システム（高度運転支援システム）。加速・操舵・制動のすべてをシステムが行い、システムの要請に応じてドライバーが操縦対応する段階です。

■レベル4

　完全自動走行システム。加速・操舵・制動のすべてをシステムが行い、ドライバーは関与しない段階です（無人運転車／ドライバーレスカー）。

2-12 自動運転車の現状と未来

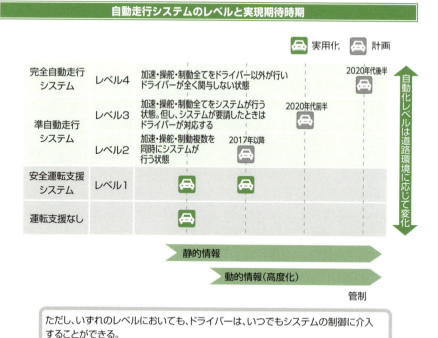

出典　内閣府SIP（戦略的イノベーション創造プログラム）「自動走行システム 研究開発計画 2015」より

　各レベルの内容を見るとわかりますが、レベル1は自動ブレーキなど「**高度運転支援システム**」（**ADAS**）で既に実現されています。歩行者などの障害物がクルマの前に予期せず飛び出した場合、自動でブレーキ操作を行う機能も含まれます。

　次の段階として実用化が期待されているのがレベル2です。一定の状況下において、運転中に一時的な自動運転に切り換えるしくみのものです。渋滞で前のクルマと一定の間隔を保って低速走行したり（渋滞時追従支援システム、Traffic Assist）、高速道路でクルーズ運転を行ったり、自動追従走行をしたりするなどが例になります。どちらもいくつかのメーカーによって開発されていて、海外では使用されているものもあります。日本では安定性と検証を進めると共に、法律の整備を待つ段階でもあります。

2-12 自動運転車の現状と未来

　国内の自動車メーカーでは、ロック歌手の矢沢永吉氏を起用し、専用の高速走行路で自動追従走行をイメージしたCMを展開した日産自動車が最も積極的な印象です。日産は2013年9月に自動運転システムの開発に向け、高度運転支援技術を搭載した車両のナンバーを取得したことを発表しました。試験運転車両は「日産リーフ」をベースにした車両で、周辺の道路状況等を検知して、ハンドルやブレーキ等を自動的に制御して運転車を支援するシステムを搭載しています。これは運転者が常に操作介入を行えることを前提としていますが、そのとき同時に2020年に自動運転技術の市販化を目指すことを発表し、車両のナンバープレートは「2020」としています。

高度運転支援技術搭載車の具体的な機能例

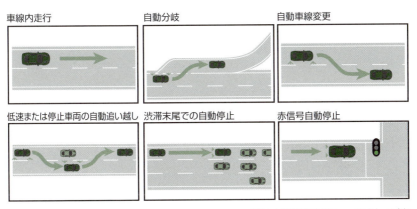

出典　日産自動車のニュースリリースより

2-12　自動運転車の現状と未来

BMWが無人自動駐車機能を搭載

　2016年5月、独BMWは量産車としては世界初、運転席にドライバーがいなくても自動で駐車できるシステム「リモート・パーキング」を搭載した最高級車種「7シリーズ」を日本で発売することを発表しました。

　運転者は駐車場の車路でクルマを停止して一旦降り、外部からリモコンを操作することで、ハンドルやアクセルが自動制御されて駐車エリアに入るしくみです。車体に搭載された12基の超音波センサーと4台のカメラで周囲の状況を判断して、人や障害物を検知すれば停車します。現時点では前進と後進の駐車（基本的に直進）のみ対応となっていて、縦列駐車や一般によく行うバックでのL字駐車等には対応していません。駐車スペースが狭くてドアが開けにくい場合にこの機能が有効としています。

▶▶ 無人運転車の現状と課題

　Googleの自動運転車の報道が日本でも大きく取り上げられていますが、これは一足飛びにレベル4を目指す無人カーで、「**セルフドライビングカー**」と呼ばれます。米スタンフォード人工知能研究所でディレクターを務めた後、Googleの技術者になったセバスチアン・スラン氏とGoogleストリートビューのチームが協力して進めています。

　米国では2011年、ネバダ州で初めてこの無人自動車の公道走行実験が許可され、その後、カリフォルニア州やフロリダ州でも実験が進められています。大まかな走行はGPSとGoogleマップ等の地図を参照するものの、各種センサーやレーザースキャナ等で、他のクルマや歩行者、信号機、各種障害物等、クルマ周辺の状況をリアルタイムで検知・判断した上で自律走行します。

　欧州では2016年夏に、オランダでレベル4の自動運転のシャトルバスの運行が予定されています。無人のシャトルバスは、特定のルートを巡回するため、特

定の道路のみ優先や専用レーンを整備することで高い安全性が確保しやすく、駅などの公共交通機関と施設などを結ぶ需要は大きいため、日本でも早い実用化を望む声が高まっています。

Googleのセルフドライビングカーやオランダの無人シャトルバス等、レベル4の自動運転車で最も大きな課題となっているのが悪天候によるセンサー等の誤動作や誤認識です。人間の運転時も同様ですが、雨、雪、霧などの天候不良によって著しくセンサー類の認識性能が低下することによる事故が懸念されています。そのため、無人シャトルバスの場合は、悪天候や夜間の走行は運行が行われない見込みです。

▶▶ ロボットタクシーと無人シャトルバス

自動車と言えば、トヨタやホンダ、日産、富士重工（スバル）等の専業メーカーが製造販売を行ってきましたが、Googleが自動運転車を発表していることもあり、今後は新興メーカーや、これまで自動車とは無関係な分野の企業が新規参入する可能性があります。

例えば、パソコンやスマートフォンでは、Appleを除いては、OSメーカーと機器メーカーがはっきりと別れています。パソコンではOSのMicrosoftのWindowsが中心になり、ユーザは端末機器をNEC、富士通、レノボ、Acer、パナソニックなどから選択するといった構図です。スマートフォンでは同様にGoogleのAndroidを中心に、端末をソニー、サムスン、LG電子、ASUS、NEC、パナソニック等から選びます。

自動運転車の産業地図がどう変化するかはまだ予測できませんが、同様に操作を制御するメーカーとクルマ自体を製造するメーカーが異なる構図になる可能性もあります。

「Robot of Everything」をうたい、人が運転するあらゆる機械を自動化し、安

全で楽しく便利なライフスタイルの創造を目指している**ZMP**社は、人型ロボットとロボカー技術においてたちまち注目される企業になりました。2014年に半導体世界最大手の米インテルが出資したほか、ソニーやコマツなども出資や共同開発を発表しています。

大きく注目されるきっかけになったのが「**ロボットタクシー**」です。サービス実現に向け、ネットサービス大手のディー・エヌ・エー（DeNA）と合弁で「ロボットタクシー株式会社」を設立し、名古屋や神奈川県藤沢市で実証実験を行っています。

藤沢市の実証実験（2016年2月）では、一般公募により選ばれたモニターが、実際の買い物シーンを想定したロボットタクシー車両による送迎サービスを疑似体験するデモが行われました。ドライバーが乗車し、湘南ライフタウンの中央けやき通りのみ自動運転を行うという区間限定のものでした。

現在、自動運転タクシーが想定している利用例としては、スマートフォンなどで利用者が出発地と目的地を指定して呼び出し、無人のタクシーが迎えに来て最短時間のルートで目的地まで送ってくれるというものです。高齢化社会や過疎化が進んでいる、交通量の少ない地方では特に、無人タクシーの実現に期待する声が高まっています。

同様に**無人シャトルバス**の需要も見込まれています。一日数本しかないバス区間を無人シャトルバスによって活性化できないかという考えです。ソフトバンクは「**先進モビリティ**」と合弁で、自動運転技術を活用したスマートモビリティーサービスの事業化に向けた「**SBドライブ**」社を2016年3月に設立しました。

先進モビリティは、東京大学生産技術研究所 次世代モビリティ研究センターの技術を基に自動運転技術を軸とした先進的なモビリティー社会の実現を目指す企業です。更に、ソフトバンクの通信基盤やセキュリティ、ビッグデータ分析・利用などのノウハウと連携し、日本最大級のポータルサイト「Yahoo! JAPAN」のコンテンツやPRとの連携によるシナジー効果により、いち早く自動運転車の実現を目指します。

2-12 自動運転車の現状と未来

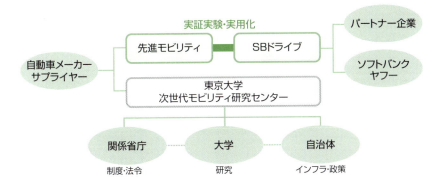

先進モビリティが研究する自動運転技術を導入し、SBドライブが主導となって自動車メーカーや関連パートナー企業と自動運転車の実現を目指す（出典　SBドライブのホームページ）。

　既に北九州市と、自動運転技術を活用した地域密着型のコミュニティーモビリティーの社会実証・実用化に向けた連携協定を締結し、具体的には、自動運転の走行実験、住民が使いやすい仕組みの構築、地域事業者とのシナジー実現、学術の振興および高度人材の育成等を行います。主に巡回バスやシャトルバスのような特定ルートを定時走行する公共車両の実現から着手し、まずは住民のニーズや公共機関網に関する調査研究から着手し、配車アプリの開発や自動運転車の走行実証を経て、2018年以降に実用化を目指しています。

2-12 自動運転車の現状と未来

SBドライブと北九州市が連携

スケジュール

2018年以降の実用化に向けて段階的に実施

2016　　　　　2017　　　　　　2018〜

- 住民ニーズや公共交通網に関する調査研究
- 配車アプリ/システムの検証（利便性）
- 自動運転車の走行実証（安全性）
- 地域活性化のロールモデル検証

実用化

自動運転を活用したサービス例

2017年時点では、バスのように特定ルートを定時運行するモビリティから始める。徐々にオンデマンドでどこへでも運行可能なモビリティへ進化する。

出典　SBドライブと北九州市が自動運転技術を活用したスマートモビリティサービスの事業化に向けて協定集結した際の配付資料

2-13

ヒットを予測する AI システム

音楽業界にも AI 関連技術が入りはじめています。アーティストや楽曲を売り出すかどうか、この楽曲はヒットするのか、そんな判断を人工知能に委ねる時代が来るのでしょうか。

▶▶ ヒット曲を予測するサイト

　ヒット曲予測サイト「Music Xray」は、アーティストが投稿した楽曲を聴けるサイトです。同社はソニーやワーナー、ユニバーサル等の12000を超える有力なレーベルや音楽プロデューサと連携しています。アーティストにとっては有力な音楽業界とコンタクトするチャンスが提供される場となっていて、投稿された楽曲がレコード会社やプロデューサ、プロモータの目にとまれば、本格的なデビューの道が開けるかもしれません。Music XrayはそこにAIシステムが関わっています。投稿された楽曲をAIシステムが20秒で視聴し、ヒットする確率を算出します。

　投稿された楽曲については常に評価が行われ、毎月500 〜 700の楽曲が契約の案件になっていると言います。AIが聴いて評価し、ヒットすると判断した楽曲は優先して音楽業界に紹介するしくみをとっています。才能を認められる機会にまだ巡り会えていないアーティストをAIの分析技術を使って掘り起こそうというのです。

▶▶ ヒット曲のパターンを分析

　このAIシステムは、クラシックやジャズなど、様々なジャンルから300万曲以上の楽曲を事前学習しています。ヒット曲にはパターンがあり、AIによって約60の「ヒットクラスター」と呼ばれるグループに分類できると言います。言い換えれば、従来ヒットした曲をパターン分析すると、たいていはそのいずれかのヒットクラスターに属するのです。

　投稿された楽曲は、リズム、メロディー、ハーモニー、ビート、抑揚、音色、ピッチなど70の要素に分類して解析されます。更に約40の深い構造に情報分類され、

第2章　AI技術のビジネス活用

131

2-13 ヒットを予測する AI システム

AIがパターン解析した結果、いずれかのヒットクラスターに位置づけられれば、ヒットの確率が上がると判断されるのです。

「それなら最初からヒットするパターンで楽曲を作ればいいじゃないか」と思いますが、そうもいきません。そこが機械学習の面白いところで、開発者にもAIがなぜ、どこを見てその楽曲をヒットクラスターに入れたのか、詳しい理由はわからないのです。言い換えれば、どのような楽曲がヒット曲になるのかは、開発者にも明確にはわかっていないのです。

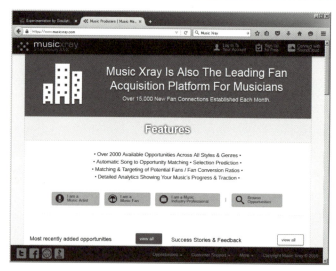
Music Xray

2-14
芸術の領域に進出する AI

楽曲がヒットするかどうかを判断するだけでなく、AI は楽曲そのものを生成したり、絵画を描いたり、小説を書いたりするなど、芸術の領域にも進出しはじめています。

▶▶ AI が楽曲を自動生成

「Jukedeck」（ジュークデック）というウェブサイト（英語）は、楽曲の長さやジャンル（ピアノ、フォーク、ロック、エレクトロニック、アンビエント、映画音楽、ポップス）、雰囲気（ジャンルによって異なる2～4種類）等を指定するだけで、機械学習で楽曲を学んだコンピュータ（人工知能）が著作権フリーの楽曲を生成して提供します。なお、楽曲はそのつど生成しているようで、同じジャンルと雰囲気を選択した場合でも同じ楽曲にはなりません。

また、人工知能でJazzの楽曲を生成する「deepjazz」（ディープジャズ）というサイト（英語）もよく知られています。

2-14 芸術の領域に進出するAI

Jukedeckの楽曲生成システム

楽曲の長さ、ジャンル、雰囲気を指定するだけで、人工知能がすぐに楽曲を生成する「Jukedeck」。❶ジャンルを指定(ここでは映画音楽風を指定)し、❷雰囲気を指定(アクションを指定)し、❸楽曲の時間(1分30秒)を指定すると、❹楽曲が自動生成された。

▶▶ ニュースやグラフの解説文をAI「ワードスミス」が執筆

　ニュース記事を書くライター業にも、AIの進出がはじまっています。

　AP通信では2014年より「**ワードスミス**」という人工知能が記事の一部を書いています。執筆者名がAI(といっても「Automated Insights」という会社名)となっている記事をチェックしてみると、それが人工知能の書いた記事です。AP通信では2015年にも、新たな試みとしてカレッジスポーツの記事をAIによって自動作

2-14 芸術の領域に進出する AI

成して提供することを発表しています。NCAA（全米大学体育協会）からスポーツ情報の提供を受け、それをワードスミスがパターン解析し、自然言語生成処理を行って記事に仕上げます。

ワードスミスは単にテキスト文章を生成して仕上げるという機能に留まりません。エクセルなどで作成された表やグラフ、数値の羅列はビジネスや一般の生活でもよく利用されますが、それだけではどのように読んだらいいのか、どんな傾向にあるのか、意味がつかみづらい場合があります。ワードスミスの解析機能は、いわばデータサイエンティストや医師等が読み解くように、それら数値や表を人間が理解しやすく説明することができるとしています。

Automated Insightsのプレゼンテーション動画では、病院で健康診断の結果として数値やグラフのデータだけを渡されて戸惑う患者、会社で人事考課の測定結果のグラフを渡されて戸惑う社員、結婚を申し込んだ男性に対してグラフを指して結婚生活には心配があること告げる女性が例に挙げられています。最後の例はギャグですが、プレゼンテーション動画の主旨は、データやグラフだけを渡されても理解できない、それをAIが説明することで解決できる、それがワードスミス・プラットフォームだ、という紹介になっています。AP通信だけなく、サムスンや米Yahoo!、Microsoftなども導入しています。企業が導入する理由は、創造性のない文書はAIに生成させ、人件費を削減する目的もあります。

また、『ワイアード』誌は、Automated Insights社のCEOの言葉「100万のページビュー（PV）がある1本の記事ではなく、たったの1PVしかない100万本の記事をつくるのがわれわれの方針だ」というコメントを掲載し、「ロボット記者採用メディアが増加」という見出しで報じています。テキスト文章の作成や自然言語の対話技術はビジネスITやロボット業界でも注目されているので、今後もこの分野は拡大していきそうです。

▶▶ 星新一風ショートショートを AI と人間が共同執筆

AIは、小説を書くことにも関与しはじめています。

2-14 芸術の領域に進出するAI

「きまぐれ人工知能プロジェクト 作家ですのよ」は、公立はこだて未来大学の松原仁教授を中心にしたプロジェクトチーム。2012年9月にスタートし、星新一のショートショート全編を分析し、人工知能におもしろいショートショートを創作させることを目指す、としています。既に人間と人工知能の共同執筆した短編がいくつか発表され、日本経済新聞社主催の「星新一賞」に応募。残念ながら最終選考には残りませんでしたが、応募作品のひとつが一次審査を通過する成果を残しました。

人間があらすじを考え、文章は人工知能が一次稿として作成し、人間がそれを手直しているため、全体としてはAIの作業は1～2割程度、まだまだ大半は人間の作業が必要とのことです。AIが小説を書いた、と言えるまではまだ遠いものの、研究は始まったばかり。今後の展開に注目しましょう。

なお、星新一賞応募作品「コンピュータが小説を書く日」と「私の仕事は」の作品は公式ホームページに掲載されているので誰でも読むことができます（2016年5月時点）。

人工知能におもしろいショートショートを創作させることを目指すプロジェクト。

2-15

医療分野で活躍する
IBM Watson

多数の人工知能関連技術が活用できる SaaS（Software as a Service）型のクラウドプラットフォーム「IBM Watson」は、2011年2月に米国のクイズ番組「ジョパディ！」（Jeopardy!）で人間のクイズ王と対戦して勝利し、注目されてから、ビジネス分野への応用を具体的に取り組みはじめた際、医療分野を真っ先に選びました。

▶▶ IBM Watson ＝質疑応答システム＋意思決定支援システム

IBMは、2011年9月に米国最大手の医療保険会社 Wellpoint 社との提携を発表し、2012年3月にはがん治療のための情報支援を発表しています。

医療分野では毎年膨大な量の論文が新規に公開され、2014年はがん関連の論文だけで実に20万本を超えています。既に人間が目を通せる規模を超えているという声もあります。しかし、人間が読むために作られた論文をコンピュータに読ませるには、人間の言葉すなわち自然言語を理解するシステムが必要です。

また、最近のがん治療はヒトゲノムに関する研究が盛んに行われていますが、ひとりの身体にある約60兆個の細胞に数千〜数万のゲノム情報が存在し、その変異情報ががん研究にとって重要なデータになると言います。それを解析するのには膨大なコンピュータパワーと高度な解析技術が必要とされます。

これら高度な「質問応答システム」と「意思決定支援システム」を併せ持つものがIBM Watsonです。IBM Watsonは論文や医療に関するビッグデータを集積。人間用に書かれた資料など非構造化データを理解し、コンピュータ用の構造化データに変換して、患者ごとに最適な治療方針や薬を医師に提案するシステムを開発しました。既に2015年頃からアメリカとカナダの14医療機関で導入がはじまっています。

2-15 医療分野で活躍する IBM Watson

　日本では2015年7月、東京大学医科学研究所が先進医療を促進するための新たながん研究をIBMの「Watson Genomic Analytics」を使って進めることを発表しています。その中で、IBMは次のようにコメントしています。

> 　日本の人口が高齢化するにつれて、がんの罹患率も高くなっています。がんは、日本人の最大の死亡原因となり（厚生労働省 政策レポートより）、日本人の半数はその生涯においてがんに罹患するとも言われています。腫瘍の発生臓器に応じて、化学療法、放射線治療、手術といった標準的な治療法が行われていますが、標準的な治療法では完治できない患者が沢山存在します。がん細胞のゲノムには数千から数十万の遺伝子変異が蓄積しており、それぞれのがん細胞の性質は変異の組み合わせによって異なっています。そこで、がん細胞のゲノムに存在する遺伝子変異を網羅的に調べることで、その腫瘍特有の遺伝子変異に適した治療方法を見つけ、効果的な治療法を患者に提供することが可能となります。
>
> 　がん細胞のゲノムを調べ、それぞれのがんに合った治療を提供する個別化医療の進歩はがん治療に立ち向かう人々に希望を与えますが、その実現には全ゲノム・シークエンシング〔DNAを構成する塩基（A - アデニン、G - グアニン、T - チミン、C - シトシン）配列の決定〕から得られたデータを解析するための複雑で大規模なビッグデータ解析が必要となります。がん細胞の全ゲノム情報はおよそ60億文字分のデータに相当し、遺伝子解析技術の進歩は、これらの全ゲノム情報を読み取ることを可能としました。また、インターネット上には、がん細胞のゲノムに存在する遺伝子変異と関連する研究論文や、臨床試験の情報など膨大な情報があります。Watsonはこのような膨大な情報を迅速に参照、分析し、がんの原因となる遺伝子変異を見つけ出すとともに有効な治療方法の可能性を提示します。

　また、欧米のある病院では食事の量、トイレの回数、血圧など、患者に関する17万項目に及ぶ情報をビッグデータとして蓄積・解析し、治療方法を検討するシステムを導入することで、入院期間を短くする成果が出ていると言います。

2-15　医療分野で活躍する IBM Watson

更に、病気を予知する取り組みも行われています。従来から医療機器のセンサーからは毎秒のように多くのデータが送信されてきましたが、その膨大なデータを処理するシステムがなかったり、解析能力が不足していたりすれば、せっかくのデータを活かすことができません。そこにニューラルネットワークの技術を活用しようという試みです。

感染症の治療分野では、感染症にかかった患者のデータを求め、それを蓄積して解析したところ、感染症の前兆がわかり、症状が発生する前に手を打つことで、発症をある程度抑制できることがわかりました。これらのシステムは株価や為替の動きを予測してきた金融業界からの発想であったと言います。

IBM Watsonのコグニティブコンピューティングや人工知能関連技術は医療分野に新たな光を照らそうとしています。

▶▶ 医薬品の研究開発を効率化

売り上げの約90％が病院で使用される医薬品だという第一三共は、既に欧米ではIBM Watsonの導入をはじめています。通常、ひとつの新薬を開発するのに、10年間で1000億円以上の投資が必要になると言います。例えば、病気のもとになるたんぱく質に合う化合物を見つけるという作業があります。この化合物が薬であり、たんぱく質に薬を合わせることで病気が治ったり、進行を抑えたりする効果が生まれます。

よくある例えとして、タンパク質は鍵穴、化合物が鍵だと言われます。新薬の開発には鍵穴にぴったり合う鍵（化合物）を見つける作業が行われますが、存在する鍵は数百万種類にも及び、化合物をスクリーニング（ふるいわけ）したり、照合したりするだけでも膨大な時間がかかると言われています。これらの解析に人工知能関連技術を導入することで、迅速かつ効率的に作業を進められると期待されています。

2-15　医療分野で活躍する IBM Watson

医薬品の研究開発への応用

出典　第一三共のプレゼンテーション資料より

▶▶ コールセンターの質問応答・医療機関向け情報検索システムの構築

　佐賀県に本社をおく木村情報技術株式会社は、いち早くIBM Watsonを導入し、製薬会社のコールセンターの質問応答や医療関連向け情報検索システムの構築を進めています。

　IBM Watsonは自然言語の対応が可能なので、製薬会社のコールセンターでは一次対応を行い、効率と質を高めることができるとしています。例えば質問者が「A剤の剤形はどのようになっていますか?」と問い合わせると「A剤には口腔内崩壊錠とフイルムコーティング錠があります」と回答したり、同様に「A剤には味覚に関する副作用がありますか」「A剤の成分量を教えてください」といった質問内容に対してコンピュータが自動応答したりします。

　また、薬剤師や医師が薬に対して問い合わせるケースも想定し、「A剤を使用している患者の××検査の値が上昇している。薬を減らしたりやめたりするべきだろうか?」という問い合わせに対し、コンピュータはA剤と××検査の値に関する情

報を検索し、瞬時に「患者の状況によって薬を減らす判断は異なりますが、××検査の値が××を超えたらＡ剤の投薬は休止すべきです」といった回答を行う薬品情報サポートシステムが既に稼働しています。音声で質問への回答が行えるだけでなく、チャットで問い合わせるしくみもあります。同社では次のような医薬品や医療の情報をコンピュータに入力し、非構造化データを構造化するとともに、ユーザからのフィードバックによる追加学習を行うことで、より高度なシステムに進歩できると見込んでいます。

医薬品・医療関連情報

- ●添付文書などの医薬品情報全般
- ●製薬会社 / コールセンター情報
- ●薬局現場の服薬指導 /QA 情報
- ●病院 / 診療所の電子カルテ情報
- ●CT/MRI/X 線 / 病理などの画像情報
- ●疾患情報 / 診療ガイドライン
- ●Medline などの医学文献情報
- ●医師 / 薬剤師などの国家試験過去問題
- ●MR 認定試験 / テキスト / 過去問題

2-16

IoT とビッグデータ

IoT とは Internet of Things の略で、日本語では「モノのインターネット」と直訳しています。経済新聞やウェブニュースなどでこの言葉を頻繁に見かけるようになりました。
IoT とは何か、を簡単に解説すると、「インターネットにいろいろな機器をなんでも繋いで情報の吸い上げや相互やりとりをすること」、つまり「インターネットにあらゆるものを接続することによって、自動化や効率化が進む」という考えです。

▶▶ IoT と自販機

よく耳にする具体的をいくつか紹介します。

ひとつは自動販売機です。缶ジュースやコーヒーなどの自販機は日本全国さまざまな場所にたくさん配置されています。管理会社のスタッフが商品を積んだトラックで自販機を回り、お金の回収や売れた商品の補填を行っています。また、売れ筋商品はボタンの数を増やしたり、夏と冬で冷たいドリンクとホットドリンクの割合を調整したりするといった作業も細かく行われています。

それぞれの自販機をインターネットに繋ぎ、何がいくつ売れたのか、またはどの商品をいくつ補填する必要があるのかを本部で集計すれば、売れていてお金の回収や商品の補填が必要な自販機だけを回ればよく、効率的に巡回ができます。また、自販機ごとに売れた商品のデータを本部で集計することで、どの地域で何が売れているのかなど、売れ筋商品の傾向や地域別の分析が可能になります。これくらいは従来の技術でも構築が可能で、既に実践しているメーカーや管理会社はあります。

2-16 IoTとビッグデータ

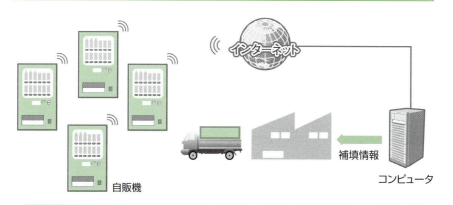

IoTの事例

自動販売機の販売と在庫情報はインターネットを通じて本部に集まり、集計してどの自販機の補填が必要か、売れ筋商品の動向などをつかむ。

　このデータをもっと細かく分析したり、売れ行きを予測したりすることで販売アップに繋げたいと考えた場合、どんなアイディアがあるでしょうか。例えば、自販機の近くにコンビニエンスストアがある場合、若者が多く住む地域と高齢者が多い地域の違い、天気や気温による違い、イベント開催の影響など、様々なデータと合わせて解析すれば、なぜこの商品が売れ筋なのか、なぜ売れないのかを分析したり、次の週末の天気と気温、イベント開催などによる人の往来から、どの商品がどれくらい売れそうかを予測したりすることができます。

　これをすべての地域の自動販売機で行う場合、現在の売れ行き、地域住民の傾向、往来の人数、天候や気温など、膨大なデータのクロス分析が必要になります。そして、自動販売機ごとにどの商品を何個ずつ配置させるべきかを人間ではなく、人工知能技術を使ったコンピュータに算出させるのです。

2-16 IoTとビッグデータ

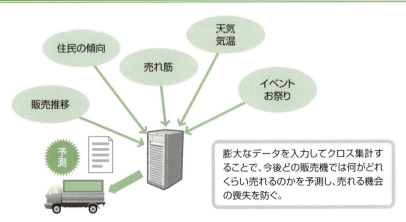

家庭やウェアラブルも

　米国では「**スマートホーム**」市場が急成長しています。ホームオートメーションとも呼ばれ、簡単な例ではスマートフォンに対して「OK、Google、部屋の温度を上げて」と言うとエアコンの設定温度が上がったり、スマートウォッチに「部屋の電気をつけて」「もっと明るく」「電気、青」と指示することで照明器具の点灯／消灯、明るさ、照明の色を指示することができます。

　これらは異なるメーカーであっても、インターネットを介して制御を行うためのソフトウェア開発キット（SDK）が公開されているため、簡単に機器同士を接続することができます。

　身につける機器である**ウェアラブルデバイス**や、それと繋がる機器もIoT対応のものが増えています。

　日本語では**活動量計**と呼ばれる、リストバンド型アクティビティ・トラッカー「Fitbit」のように、身につけていると歩数や移動距離、消費カロリー、運動強度、睡眠状態を測ることができます。

　また、2016年の家電見本市では、オムロンが血圧測定が可能なスマートウォッチ型の機器を展示して話題になりました。更に、シールのように身体の一部に貼る

2-16　IoTとビッグデータ

タイプのウェアラブル機器も登場しています。

▶▶ F1 マクラーレン・ホンダと IBM Watson が連携

IoTのキーポイントは「**センサー**」です。あらゆるものにセンサーをつけてインターネットに繋ぎ、センサーが取得した計測データをコンピュータ（クラウド）に送る、そのデータをクラウドでモニタリングする、モニタリングすれば現場に人がいなくても状況が把握できるし、異常事態を検知したり予測したりもできる、もしかしたら人間が気付かなかった新たな発見もできる、というわけなのです。

2016年2月23日、IBMは「本田技術研究所がレーシングデータ解析システムにIBMのIoT技術を採用」というタイトルのプレスリリースを発表しました。つまり、2016年、F1レースの**マクラーレン・ホンダ**チームはIBMの「IoT for Automotive」を採用し、レース中などのエンジン・データの解析を行うという発表です。

世界中のサーキットで行われているF1レースの現地から、レーシングカーのリアルタイムの状況を、ホンダの開発本拠地である栃木県とマクラーレンがある英国に送信し、そこでモニタリング＆分析、結果を即時ピットに返してチーム内で共有しようというのです。

F1では昔から**テレメトリーシステム**が導入されていて、走行中のエンジンや燃料等の一部の情報はピットに送られていました。

テレメトリーシステムとは、レースカーから送られてくる計測データをピットでモニタリングする遠隔測定システムのことです。現代のF1ではレースカーの中に約160種類ものセンサーが搭載されていて、エンジンの回転数、水温、油圧、タイヤの温度や内圧（空気圧）、ブレーキの温度や磨耗、燃料消費、どこでどのようにクルマがジャンプして、どこでトラクション（タイヤが路面を蹴る力）が抜けるのかなどの情報を常時テレメントリーシステムに送っています。

できることならあらゆる部品にセンサーを付けて計測データを取りたい、0.01秒でも速く走るための情報を取りたい、故障の兆候を見逃さずトラブルを事前に

2-16 IoT とビッグデータ

予測したい、燃料予測、最適なピットインのタイミングなど、知りたい情報は山のようにあり、ピットクルーやマネージャーは秒刻みに決断を迫られます。

一方、センサーが計測するデータは、1レースで約5GBにもなるビッグデータです。これだけの計測データは現場のピットの人では十分な解析ができるとは言えません。また、レースの規則でチームスタッフの最大人数も制限されていて、データサイエンティストを大量に待機させることもできません。

そこで今回の発表に繋がります。IBMの「IoT for Automotive」を活用したレーシングデータ解析システムを基盤として導入したのです。エンジンに関する情報は瞬時に栃木県さくら市のホンダ研究チームに送られます。大規模な解析システムがその情報を分析して結果を再び瞬時にチームのピットクルーに返すというわけです。

予測システムも重要です。エンジンが壊れる前にトラブルを予測しなければ意味がありません。それらの解析に、IBM Watson ファミリーとは別ですが、強力なIBM解析技術のひとつ「IBM Cognos ファミリー」である「IBM Cognos Business Intelligence」（IBM Cognos Analytics）も利用されています。

サーキットから栃木県の研究所にデータが送られるまでわずか3秒以内。10秒もかかっていたら予測の兆候がわかってもエンジンは壊れてしまうかもしれないというわけです。

先進技術のF1の世界でも、IoTとコグニティブが鍵を握るとは、なんとも面白い話ではないでしょうか。F1ほどシビアではないにしても、一般家庭や社会にあるいろいろなものをインターネットに繋ぎ、センサーからの計測データを蓄積・解析することによって世の中を自動化しよう、効率化しよう、便利にしようという方向に進めている——これがIoTの一面です。そして解析システムには高度なAI関連技術が活用されています。

2-16 IoTとビッグデータ

マクラーレン・ホンダとIBM Watsonの連携

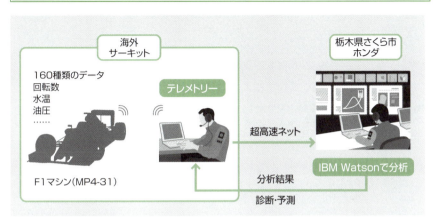

MP4-31

海外のサーキットから走行中のレーシングカーのエンジンの情報が栃木県のHRD Sakuraに送られ、IBM Watsonによって分析、現状と予測の情報がサーキットのピットに送られる。究極のIoTだ。

出典　本田技研工業株式会社
2016年2月21日付ニュースリリース

　ビッグデータは、5年で10倍、10年で100倍に増えています。IoTがうたわれ、様々なものにセンサーがついて膨大なデータが送られると、解析したり未来予測をしたりするシステムが必要になります。その精度を向上させるキーとなっているのがAI関連技術です。

2-17

未来を委ねる若者たち

この項の話は、半分はこれからのこと、半分は具体的に進められていることです。米メンフィス大学では、過去の学生の履修データを機械学習で学んだ AI コンピュータ「ディグリー・コンパス」(Degree Compass)が導入され、学生の進路指導を行っています。

▶▶ メンフィス大学の「ディグリー・コンパス」

　学生が履修を検討している科目や講義をひとつひとつ分析し、適性度をランク付けして返してくれます。実際に AI が勧める適性度が高いと診断した科目を履修すると、単位を取得できる確率は80%と高く、低いと診断されたにもかかわらず強行して履修した科目の場合は確率がわずか9%となると、学生達もおのずと AI の提案に耳を傾けます。

　学生の性格や特技、高校時代の成績、入学試験の成績、今までの履修履歴や成績のデータはすべて**ディグリー・コンパス**のデータベースの中にあります。更に、他の学生の過去の膨大なデータを読み込み、同様の学生の履修と成績パターンを照合して適合性を割り出します。

　メンフィス大学には24000人の学生が在籍し、科目数は3000に及ぶというからそれはまさにビッグデータです。学生自身には3000の科目の内容を精査する術はなく、なんとなく科目名から選択してしまうケースも少なくありません。それを AI が適切なアドバイスを行うことで、各学生に適切な科目と結びつけてくれるのです。メンフィス大学ではシステム導入後、学生が単位を落とす確率が激減し、成果は上がっています。

▶▶ 就職・転職も AI がアドバイス

　学生の就職先も、AI が決める時代が近くなっています。IBM Watson の日本語版の開発と販売で提携しているソフトバンクは、Watson の導入事例のひとつに人材派遣のマッチングや転職先の適材適所の判定に活用できるとしています。更

2-17 未来を委ねる若者たち

に導入先や専門学校や大学も候補のひとつと言います。

これは仮定の話ですが、大学にコミュニケーションロボット「Pepper」を設置します。PepperにはIBM Watsonが接続されていて、学生と自然言語でコミュニケーションします。コミュニケーションするうちに学生の性格や好み、趣味嗜好などがわかります。やがて学生の履修科目や成績データ、ゼミ、購買データ等を含めて個人データを分析することで、就職活動をする頃には最適な企業がマッチングされ、いくつかの候補が提供できる可能性があると見ています。

▶▶ 人工知能コン

恋人や結婚相手のマッチングにも人工知能技術が使われるようになってきました。ベンチャー企業のChotchy（チョッチー）は「AI×LOVE 4人に1人はマッチングできる新感覚合コン」というキャッチコピーで「**人工知能コン**」を発表しました。イベント型のリアル合コンで、青山と相模原で開催されました。最大の特徴は、AIコンピュータが介在して相性が合うマッチングを提案してくれることです。過去の開催でカップルマッチング率は27％を達成したとしています。

主なしくみは、次の通りです。

人工知能コン

①参加者は所定のアンケートに回答する。

②イベント開催中、目の前にいる参加者のプロフィールや共通の話題をスマートフォンで見ることができる。

③何度も同じ自己紹介の必要がなく、すぐに深い会話をすることができる。

④イベントが進むと、それまでの参加者の行動ログを使用して、カップル成立の可能性がもっとも高い3人を人工知能が提案する。

⑤最終投票と一部カップルの成立。

⑥後日、当日のデータなどを元に合コン中の行動パターンやその人の問題点などをフィードバックする。

2-17 未来を委ねる若者たち

　米国では、結婚相手のマッチングとリコメンドに遺伝子情報を用いるサービスも登場しています。コロラド大学の研究によれば、気の合う恋人や夫婦の考え方や趣味、行動のパターンが似ていることはよくあります。この類似性は遺伝子情報で確認できるという説があり、遺伝子情報によるマッチングサービスにも根拠がありそうです。そうなれば、高い精度で照合するためにAI技術の導入が進むのは必然と言えるかもしれません。

第 **3** 章

超入門かんたん解説
AI 関連技術と専門用語

犬と猫を見分けるとき、どこを見れば区別できるでしょうか?

「コンピュータのパターン認識機能が飛躍的に向上した」「人間が教えなくてもコンピュータが特徴量を理解する」というのは、具体的にどういう意味でしょうか? また、ニューラルネットワークやディープラーニング、機械学習とはどのようなもので、何がすごいのか? コンピュータに学習させるってどういうことなのか?

この章では、最新のニューラルネットワーク技術の基本や学習方法、専門用語等についてわかりやすく解説します。

3-1

機械学習と特徴量

人工知能関連技術として注目されているのは「機械学習」（Machine Learning）です。人間が学習するのと同様に、機械自身が訓練データやビッグデータを解析して学習し、画像や音声の認識、会話分析、さまざまな統計解析、未来予測などを高い精度で行うことを目指して開発されました。

▶▶ 「特徴」を増やす

ニュースで話題の「ディープラーニング」や「ニューラルネットワーク」などのキーワードも、この「**機械学習**」の分野に含まれます。そこで、機械学習の特徴から解説していきましょう。

まずは頭の体操を兼ねて、モノ当てクイズゲームの話から。

親子の会話遊びのひとつに、出題者があるものを頭に思い浮かべ、それに関連するヒントを言って、相手が答えを推理して当てるゲームがあります。例えば、出題者がヒントに「赤い」というと、消防車、郵便ポスト、火、リンゴ、花などが思い浮かびますが、もちろん「赤い」だけでは回答の限定はできません。そこで次のヒントが「フルーツ」であれば、リンゴやイチゴ、さくらんぼなどが思い浮かびます。更に次のヒントが「ヘタに葉っぱがある」「ツブツブがある」と続けば、答えは「イチゴ」だとかなり高い確度でわかります。このヒントを仮に「**特徴**」と呼ぶことにします。

このクイズゲームをコンピュータ化し、コンピュータが回答するシステムを作ろうと思った場合を考えてみましょう。ヒントとして出題された「赤い」もの、「フルーツ」に分類されるもの、「ツブツブがあるもの」等の特徴から、当てはまるのは「イチゴ」という答えを導き出すしくみになります。ヒントが「赤い」と「フルーツ」ではまだ曖昧ですが、「ヘタに葉っぱがある」「ツブツブがある」など、ヒントとな

3-1 機械学習と特徴量

る特徴が増えていくことで正解がわかってきたり、正解の確率が上がったりします。

特徴と推理	
[ヒント（特徴）]	[コンピュータの推理／回答]
赤い	火、リンゴ、血、花……
フルーツ	リンゴ、イチゴ、さくらんぼ……
ヘタに葉っぱがある	イチゴ
ツブツブがある	イチゴ（きっと間違いない）

　今まで利用されてきたルールベース型の場合、このようにイチゴの特徴や条件をできるだけたくさん人間が登録しておくことで、イチゴをより正確に回答できるようになると考えられます。ただし、会話で行う場合、「ツブツブ」は「プツプツ」、「てんてん」と表現する人もいるでしょう。そういった多くの曖昧な部分も考慮してシステムは作られなければいけません。

　例えば、誰かにイチゴの特徴をいろいろな表現でたくさん喋ってもらうとします。それをコンピュータが聞いていて、すべて文字に変換して特徴をデータベースに自動で登録してくれれば、開発者の作業は簡単だし、なんだか未来的な雰囲気ですね。

　また、「イチゴ」と指定するとコンピュータが自動的にインターネット上を駆け巡り、Wikipediaや百科事典サイト、オンラインショップ、TwitterやFacebookなどの情報を解析して、機械自身がイチゴの特徴を学習するようになったら、もっと開発作業が簡単で未来的ではないでしょうか。

3-1 機械学習と特徴量

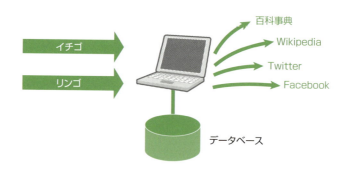

画像の「特徴」を登録する

次は少し視点を変えて、画像認識を例にしてみましょう。

ある画像を入力すると、その画像が何かを言い当てるシステムを作るという課題で考えてみましょう。お題としてコンピュータがイチゴの写真を見せられたとき、画像を解析し、画像全体あるいは画像の一部の形状や模様等が同じものがデータベースにあったとしたら、同一のものと判断して回答として返す、という技術が主に使われてきました。**パターンマッチング**です。

具体的には、例えばイチゴ全体の写真を撮ってデータベースに登録しておきます。お題の画像がまったく同じものであれば確実に当てられるでしょうし、それに近い画像であれば高い確率で「イチゴ」と回答できるでしょう。しかし、全く異なる角度や構図で撮られた写真であれば当たる確率は下がると思います。ここで、もっと当たる確率を上げようと思えば、ツブツブ（タネのように見える部分：実際にはここが果実）やヘタの部分など画像の一部を切り出したり、四方八方から撮ったりした写真を登録しておきます。そのいずれかに合致した模様や形があれば、コンピュータがそれをイチゴだと回答する確率は高くなります。

言葉のゲームの場合は単語や表現を条件にして、画像認識の場合は画像やその一部を条件にして、合致するものを回答として抽出するしくみは同じです。そして、いずれの場合もそれら条件になる特徴は人間によって登録しておく必要がありました。

3-1 機械学習と特徴量

例えば、熟す前のイチゴの実は緑や白ですが、その条件を人間が追加しない限り、一般にコンピュータは緑や白のイチゴはイチゴとして認識しません。したがって、ビニールハウスで時期を待つイチゴもイチゴだと認識させるには、それもまた人間が条件を与えなくてはいけません。

こうした登録作業を人間が行うのは大変な作業です。果物だけを対象とした「フルーツ当てクイズ」システムならまだしも、なんでも対象にした質疑応答システムにするとなると、品物も特徴も膨大な数になり、その登録には大変な労力が必要になります。

▶▶ 機械学習による「特徴の登録」の自動化

そこで、特徴の登録を自動化できないだろうか、という発想が必然的に生まれます。その回答のひとつが**機械学習**です。機械自身が特徴をみつけて登録（学習）していくことで、どんどん賢くなる——機械学習なら、人間が条件を登録していく必要がなくなるかもしれません。

また、開発者が知らないことを機械が学習するかもしれない、そんな可能性もあります。

「白イチゴ」というものがあることをご存じでしょうか。Twitterで話題になって注目を集めたのでTwitterユーザなら知っているかもしれませんが、一般には白いイチゴの存在を知らない人は多いでしょう。しかし、もし機械学習がTwitterのデータを収集して学習するとしたら、コンピュータは赤いイチゴとは別に白いイチゴがあることを理解しているに違いありません。例え開発者が知らなくても。

▶▶ ニューラルネットワーク

機械学習の一種に**ニューラルネットワーク**があります。そして、ニューラルネットワークの一種に**ディープニューラルネットワーク**、**ディープラーニング**があります。

3-1 機械学習と特徴量

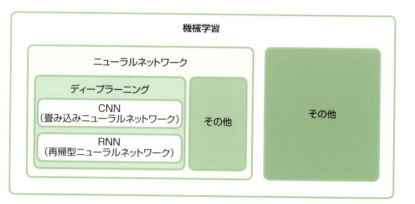

押さえておきたい人工知能関連技術のキーワード

- ルールベース（知識ベース）
- 機械学習
- 分類問題
- 回帰問題
- 強化学習
- ニューラルネットワーク
- 形式ニューロン
- 特徴量
- 教師あり学習 / 教師なし学習
- ディープラーニング
- 過学習
- バックプロパケーション
- オートエンコーダ
- CNN（コンボリューショナル・ニューラルネットワーク）
- RNN（リカレント・ニューラルネットワーク）
- 人工感性知能

3-2
ニューラルネットワークと分類問題

「機械学習」は、機械が膨大なサンプルデータを解析したり、訓練データを反復したり、規則、ルール、表現、条件、判断基準などを自ら抽出したりしてデータベースに蓄積して学習します。認識や分析が必要なデータが入力された場合、機械は蓄積したデータベースをもとに、データを分析したり、識別したり、関係性を考えたり、予測したりして、人間が普段から行っている「考える」作業を代替します。

▶▶ 「分類問題」と「回帰問題」

機械学習には大別して「分類問題」と「回帰問題」があります。

「分類問題」は、文字通り何かを分類することで、既に実用化が進んでいます。例えば、何かを分類する機能と考えると、はじめはわかりやすいと思います。画像認識を例にすると、スキャンした画像が何であるか、「猫」「犬」「お茶」などと識別する、その分類です。テキストならSPAMメールか正規のメールか、ニュースのジャンル分類、データ分析なら売れ筋商品やリコメンド商品の分類などがほんの一例です。

分類問題は、予測対象が犬やネコなどの**離散値**（連続していない値）であるのに対して、「**回帰問題**」は、予測対象が1.05m、40.14$などの実数値である問題のことです。計算によって算出される数値、推測や未知のデータの予測など、更に時系列で変化する株価データなどです。

▶▶ ニューラルネットワーク

「機械学習」の種類は様々ありますが、人工知能関連技術として注目されているのが、人間の脳を模した「**ニューラルネットワーク**」です。

ニューラルネットワークのしくみは後述しますが、その最大の特徴のひとつ「人間と似た方法で学習する」という意味を解説します。それはモノの「**特徴量**」を算出（抽出）する方法です。

3-2 ニューラルネットワークと分類問題

まずは問題を出します。一緒に考えてみてください。
　次のいくつかの画像を見て「犬」と「猫」に分類してください。これは前述の「分類問題」のシンプルな例です。

分類問題

それぞれの画像を犬と猫に分類してください。

　画像認識で成果を上げている機械学習のニューラルネットワーク、とりわけディープラーニングでは、このような分類問題は得意分野になりつつあります。性能の良い分類システムなら次のようにきちんと分類できるでしょう。

3-2 ニューラルネットワークと分類問題

コンピュータが画像を解析して分類

入力画像

分類せよ

コンピュータが画像解析&分類

分類結果

犬

猫

それぞれの画像を分析し、コンピュータは犬と猫に分類することができる。

　では、ニューラルネットワークで行っていることの、どの部分がすごいのでしょうか？
　ニューラルネットワークがほかと異なるのは、膨大な学習によって、分類する要

3-2 ニューラルネットワークと分類問題

素を機械自身が発見するところです。

　例えば、先ほど皆さんがこの問題を出されたとき、犬と猫をどうやって区別したでしょうか？　みなさんはどこを見て犬か猫かを判別していますか？

　従来のコンピュータシステムでは、判別する条件や基準、ルールを人間が指定する必要があることは前述しました。これが**ルールベース**等と呼ばれる由縁ですね。

　「耳が三角形」「鼻が突き出ている」「長いヒゲが多数ある」「毛でモフモフしている」といったようなルール（基準）です。ところが、今挙げた条件に、具体的な犬や猫が当てはまるとは限りません。垂れた耳の種類もいますし、鼻が平たい種類、毛は長い種類のものも短いものもいます。犬や猫にはたくさんの種類があって形状は様々です。言葉で条件づけするのは困難ですが、人間は容姿のどこかを見てだいたい犬か猫かを判別しています。

　耳が垂れていると犬っぽい、カラダが長い犬の種類がある、黒目が縦長だと猫っぽい、など、実際にはどことなく何かしらの特徴から判断して、人間は犬か猫かを区別できます。しかし、どこを見たら区別できるの？　と、あらたまって区別の方法やそのルールを問われると「うーん、見ればわかるでしょ？」と曖昧に答えるかもしれません。これは人間の脳が、今までの経験からそれが犬なのか猫なのかを判断するためのなんらかの「特徴」を学習して持っていて、それをもとに判別していることを意味しています。

　これがニューラルネットワークでは重要なポイントです。

　機械学習のニューラルネットワークでは、識別して分類するために人間が提示したルールではなく、「ある『特徴量』を算出」します。そしてその特徴量が「犬」だと教えれば、犬に分類します。これを繰り返すと、機械自身が特徴量を算出して、犬に分類すべき情報が増えていきます。こうして学習や訓練、トレーニングを重ねると、犬にはいろいろなパターンがあることを学習するとともに、どのような特徴

量のものを「犬」と分類すれば良いかを理解します。コンピュータが扱っている特徴量は実際には数値（ベクトル値）なのですが、ニュアンスとしては人間のように「犬か猫かは見れば解る」と同様に、どこがどうというのではなくて、「なんとなくわかるでしょう、これは犬ですよ」という曖昧な「特徴量」から見分けられるようにもなるわけです。また、これらの特徴は訓練によって機械が自動的に学習するので、開発者は従来のように細かなルールを定義する必要から解放されるのです。

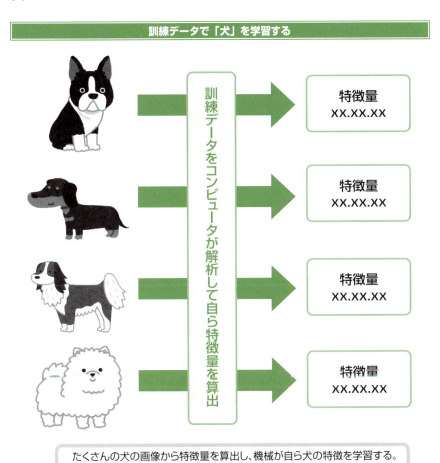

たくさんの犬の画像から特徴量を算出し、機械が自ら犬の特徴を学習する。

3-2 ニューラルネットワークと分類問題

　こうして完成した分類システムに「この画像は犬か猫かどっちですか？」と画像を入力すると、その画像の特徴量をコンピュータが分析し、犬の特徴量の範囲と合致していれば犬であると判断し、猫の特徴量と合致していれば猫と判断して分類するというわけです。そして、繰り返しますが、重要なのは犬の判断基準（特徴量）は人間が作って与えたものではなくて、機械が学習によって自分で割り出したもの。これを可能にしたのが機械学習のニューラルネットワークであり、高い精度で認識するのがディープニューラルネットワークです。「ディープラーニングでは機械学習によって特徴量を学習する」とか「ディープラーニングで何かしらの特徴量を算出する」という意味は、こういうことを示しています。

3-3 ニューラルネットワークのしくみ

前節で触れたニューラルネットワークは、人間の脳にどのように似ているのでしょうか？ここでは、そのしくみを解説します。

▶▶ 脳の基本構造

人間の脳のしくみはまだ解明されていません。少しずつわかってきたこととしては、脳自体がすごい計算・認識能力を持っているわけではなく、300億を超える膨大な数の脳神経細胞（**ニューロン**、Neuron）が様々に結合し、情報を伝達したり処理したりすることで、記憶したり考えたり、モノを判別したり、会話したりしているのではないか、ということです。

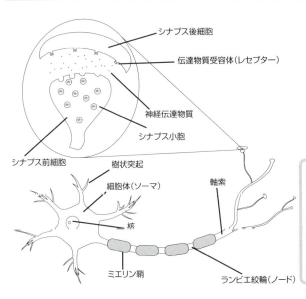

神経細胞の構造図解

樹状突起、細胞体、核などで構成された神経細胞（ニューロン）は、神経伝達物質によってシナプス（細胞間の結合）を形成する。脳は、神経細胞の情報伝達による共通のパターン認識と処理によってすべての能力をこなしているという理論がある。

3-3 ニューラルネットワークのしくみ

「**ニューラルネットワーク**」(Neural Network) は、このニューロンのしくみをコンピュータで模倣することに挑戦したものです(ニューラルネットワークは「**NN**」と略して呼称されることもあります)。ニューラルネットワークという言葉は、生体や生物学、神経学の分野でも用いられるため、人工知能やコンピュータ業界で脳のしくみをシミュレートしたシステムのことをいう場合はあえて「人工」という言葉をつけて「人工ニューラルネットワーク(人工神経回路網)」「ANN」と呼んで区別することがあります。

第1章でも触れましたが、脳は神経細胞の巨大なネットワークだと言われています。ネットワークを構成しているニューロンは無数にあり、その数は100億〜300億個超という説もあります。神経細胞の役割は情報処理と、他の神経細胞への情報伝達(入出力)です。他の神経細胞へは神経伝達物質によるシナプスの結合によって情報の伝達が行われ、記憶や学習など知能的な処理を行っています。

脳科学の「たった一つの学習理論」(One Learning Theory) によると、脳はさまざまな機能を持っているように思えますが、実は共通のパターンを認識して処理していると言います。

詳しくは脳科学の専門書をあたって欲しいのですが、ごく簡単に言うと、人間はモノを見たり聞いたり、会話したり、何かを感じたり、感情を抱いたり、回答を考えたり、推測したりと様々なことをこなしているので、脳にもそれぞれに適した構造の部位があって、複雑な処理をしているように想像します。しかし、実は脳の内部ではすべて同じパターン認識によって情報処理されているという理論なのです。

そして、ニューラルネットワークがそのパターン認識を模倣できれば、脳と同様に、画像認識でも音声認識でも、計算でも分類でも推論でも、そして学習や記憶でも、何にでも汎用的にこなせる可能性があるのではないか、という考えです。それを実践しているのがニューラルネットワークとそのアルゴリズムなのです。

人工ニューラルネットワークのしくみ自体は新しいものではありません。人工知能は古くから研究されていて、「形式ニューロン」の発表は1943年、視覚と脳の

3-3 ニューラルネットワークのしくみ

機能をモデル化した「パーセプトロン」の発表は1958年に遡ります。

▶▶ ニューラルネットワークの基本

ニューラルネットワークは脳と似たしくみを単純化して、コンピュータで再現したものです。コンピュータ上で脳神経細胞をシミュレートする「**形式ニューロン**」や「**ノード**」を配置します。入力された情報は各ニューロンで処理され、別のニューロンに伝送されます。情報を受け取った別のニューロンは処理を行ったうえで、また別のニューロンに情報の伝達をします。この処理を繰り返すことで「特徴」（特徴量）が算出され、なんらかの処理結果を出力するしくみが「ニューラルネットワーク」の基本です。なんらかの処理結果とは曖昧な表現ですが、ものの認識であったり、分析や予測であったり、会話であったりと様々です。

▶▶ 入力層と出力層

コンピュータでは、単純化した模式図として次の図がよく用いられます。

ニューラルネットワーク　入力層 - 出力層

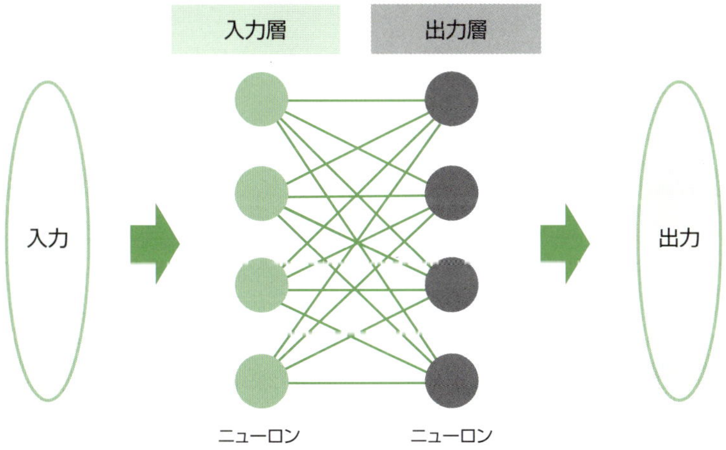

入力層　　　出力層

入力　　→　　ニューロン　　ニューロン　　→　　出力

図の●は形式ニューロンやノードを表す。入力された情報は、入力層の無数のニューロンが処理して別のニューロンに情報を伝達し、出力層の無数のニューロンが処理した結果を出力する。

第3章　超入門かんたん解説　AI関連技術と専門用語

165

3-3 ニューラルネットワークのしくみ

　多数のニューロンが存在すると言いましたが、それらは層に分かれて役割を果たしています。もっとも単純な形態は「**入力層**」と「**出力層**」です。入力された情報に対して、まず入力層にある多数のニューロンが情報を処理し、その結果を出力層のニューロンに伝達し、出力層で判断を行って回答を出力する、というものです。

　入力に対してどう反応するかが出力となります。例として最適かどうかはわかりませんが、人間で言えば、手をつねられたら（入力）、手を引っ込める（出力）、といったことです。これらは脳の機能に基づいているので、入力層は「感覚層」、出力層は「反応層」とも呼ばれることもあります。

▶▶ 中間層（隠れ層）

　脳は、感覚的な処理だけでなく、ものを識別したり、計算したり、考えたり、記憶を呼び覚ましたり、いろいろな働きをしています。ニューラルネットワークでは複雑な情報を処理するのに、入力層と出力層の間に「**中間層**」を設けます。中間層を隠れ層と呼ぶ場合もあります。

　中間層があることで、処理を行うニューロン群の層が増えます。すなわち思考を深くするのです。前項で解説した入力層と出力層だけで構成されたネットワークより、入力層-中間層-出力層で構成されたネットワークの方が中間層のニューロンが増えて情報処理が増えた分だけ、回答の確度が上がったり汎用性の高い回答が得られたりすると考えられます。

　入力層は、中間層にある多数のニューロン群に対して情報を伝達し、中間層のニューロンが処理し、出力層のニューロンに伝達して処理します。

3-3 ニューラルネットワークのしくみ

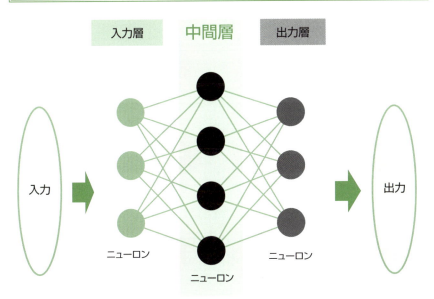

入力された情報は入力層で処理し、その情報は特徴量を算出する中間層の各ニューロンに伝達する。そこで多数の処理を行った後、出力層の各ニューロンに情報を伝達して出力結果(回答)を返す。

3-4

ディープラーニング（深層学習）

もっと思考を増やすにはどうしたらいいでしょうか。中間層を二層にしてニューロンの層を増やすことが考えられます。一層よりもっと深く思考するのです。こうして中間層に多層のニューロン層を持つものが「ディープニューラルネットワーク」と呼ばれ、ディープニューラルネットワークで機械学習することをディープラーニングと呼びます。深く思考する「深層学習」とも呼ばれています。

▶▶ 「ディープニューラルネットワーク」で更に深く考える

　本章冒頭の親子の会話遊びゲームを思い出すと、ヒントとして提供された特徴が「赤い」と「フルーツ」だけのとき、まだ回答が「イチゴ」だとは絞りきれていません。次の「ヘタに葉っぱがある」という特徴を聞いてイチゴかもしれない、更に「ツブツブがある」という特徴でイチゴに違いないと確信しています。

　このように、特徴量が多い方が回答は正確性を増します。特徴量の質も重要です。「どこかに葉っぱがある」といった曖昧な特徴や、「ツブツブ」のような具体的なものではなく「表面に何か模様がある」といった特徴量では、正確に把握しているとは言い切れません。

　また、「犬」と「猫」のイラストを分類した例で言えば、かなりたくさんのイラストで訓練しないと、「犬」か「猫」かを判断する特徴量を機械が見つけて学習するのが難しいことは、容易に想像できると思います。

　特徴量はニューロンの処理によって算出されるものですが、多数の訓練データを読み込ませて処理することで学習させることができます。理論上は訓練データが多ければ多いほど未知のデータに強くなり汎用性が増します。

　人間がひとつのことをじっくり考えることを「深く考える」などと言いますが、「中間層を多層にしてニューロンの数（情報伝達と処理）を増やせば、もっとたくさん深く考えられるのではないか」と考えたのが「ディープニューラルネットワーク」です。

3-4 ディープラーニング（深層学習）

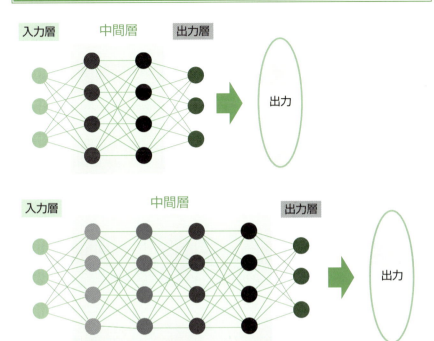

中間層を増やして深層化するディープニューラルネットワーク

ディープラーニングは、中間層を多層にしたディープ・ニューラルネットワークで行う。ニューロンと層が増えることで、情報伝達と処理を増やし、特徴量の精度や汎用性を上げたり、予測精度を向上させたりする可能性がある（図の例では、上は中間層が2層、下は中間層が4層のディープ・ニューラルネットワーク。実際には10～20層の構成も多く使われる）。

「分類問題」の話を前述しましたが、コンピュータに「これは犬である」という正解（**ラベル**）を付けたたくさんの犬の画像を入力して学習させると、特徴量をコンピュータが自分で抽出して「犬」を分類できるようになります。こうして、犬や猫、人間などの特徴量を学習すると、そのコンピュータは様々なモノを認識したり識別したりできるようになり、更には犬が何をしている、どこにいる、などの状態も把握できるようになると言います。

3-4 ディープラーニング（深層学習）

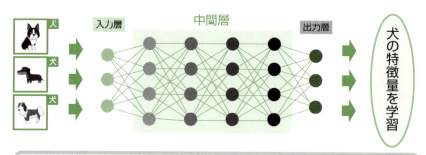

「犬」という正解（ラベル）を付けた犬の画像を大量にコンピュータに入力して学習させると、犬の判別ができるようになる。正解付きデータで学習させる方法は「教師あり学習」と呼ばれる。

ニューラルネットワークの訓練

　特徴量と確度を理解するために別の例、手書き文字認識を例にしてその「イメージ」を想像してみましょう。入力するのは手書きした文字をスキャンした画像、出力は何の文字かという答えです。

　入力された画像は細かく複数分割したり、あるいはコントラストや明度を上げたり下げたり、反転したり、画質を調整したりして分析するとします。それら試行した情報の結果を中間層にある多数のニューロンに伝達します。受け取ったニューロンは別の方法でその情報を分析します。

　「A」という文字を書いたとすれば、直線だけでできているとか、三角形があるとか、頂点がとがっているとか、交点はいくつあるとか、その交点は上と中間の高さにあるとか、実際には様々な角度から分析されて、その情報を出力層のニューロンに伝達します（実際はベクトル数値で行われるので表現はあくまで架空のものです）。こうして処理を行った結果、入力した文字は「A」であると回答する（出力する）という流れです。

　こうして考えても、たくさんの特徴量を見つけて、その情報を持っていた方が

3-4 ディープラーニング（深層学習）

より正確性が上がることが想像できます。しかも、この特徴量を算出するためのデータが多ければ多いほど、算出した特徴量の正確性が上がるでしょう。ニューラルネットワークでは、このようにチューニングしたり、トレーニング（訓練）で多くの訓練データを処理させたりすることによって、特徴量の正確性が上がり、正解を導き出す確率が高いシステムに成長します。

3-5
教師あり学習と教師なし学習

機械学習では、どうやって学習したり、訓練したりするのでしょうか？ 代表的な学習の仕方が、機械に質問と回答を同時に教える方法です。3-4節の例で言えば、犬の画像に「分類は犬である」という正解を付けたデータを分析させます。これを「ラベル付きデータ」（正解付きのデータ）と呼びます。

▶▶ ラベル付きデータによる訓練学習

では、正解がわかっているのに機械は何を分析するのかというと「どうしてそれが犬に分類されるのか？」ということを考えさせるのです。つまり機械に「特徴量」を自ら発見させる→それは「犬」に分類される→その特徴量のものは「犬」である、ということです。

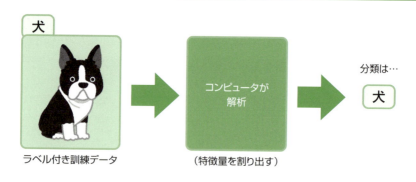

訓練データとして、正解付きの画像（ラベル付きデータ）を入力する。正解は犬だとわかっているので、機械は分析した特徴量が「犬」の特徴であることを学習し、大量に学習することで犬に分類すべき特徴量が蓄積され、精度が上がっていく。

しかし、画像を一枚だけ解析して特徴量を覚えたシステムだと、ほかの犬の画像を見せても、よほど似た犬の画像でなければ同じ犬の種類だとは判別できない

でしょう。では、犬のラベル（正解）付きデータ画像を、仮に1000万枚読み込ませて訓練させたとしたらどうでしょうか。1000万通りの犬の特徴量を学習すれば、膨大な特徴量から照合することで、「犬」を識別できるようになる確率は高くなるでしょう。

これがニューラルネットワークの勉強法（のひとつ）であり、学習するためには膨大なビッグデータが必要になる理由です。この犬の例のように、ラベル付きのデータで学習させる方法を「**教師あり学習**」と呼びます。

機械学習には「教師あり学習」（Supervised Learning）のほかに「**教師なし学習**」（Unsupervised Learning）があります。

教師あり学習は、この画像は犬であるとか、この場合の1時間後の株価はいくらである、というように入力データと正解が1対1で紐づいている訓練データを使って学習することです。

「**教師なし学習**」は、入力画像はあるけれど、その正解データは与えられないものです。予測は未来のことなので正解はありません。このように推論、分析など、正解がない、正解が解らない問題で学習することを教師なし学習と呼びます。

教師あり学習と教師なし学習を混在させる方法もあります。まずは機械に対して教師あり学習で特徴量を学ばせて、それ以降は教師なし学習で膨大な訓練データを与え、自動的に特徴量を算出させながら繰り返し学習する方法です。これを「**半教師あり学習**」（Semi-Supervised Learning）と呼ぶこともあります。

機械学習の用途や利用法によって、最適な学習方法も異なりますので、最もパフォーマンスが上がると見込まれる学習プロセスを利用することが重要です。

▶▶ 教師あり学習の例：手書き文字・数字の判定

「教師あり学習」は、すでに述べたように、ラベル付きのデータで学習させる方法です。

前述の「犬の画像に『分類は犬である』という正解を付けたデータを分析させ、特徴量を学習させる」という例も、典型的な教師あり学習です。

3-5　教師あり学習と教師なし学習

　同様に、手書きの文字や数字を機械が判定するシステムを例に見てみましょう。
　入力は、手書きの文字や数字をスキャンした画像です。出力（回答）は、その画像を認識した結果ということになります。教師あり学習で機械学習を行う場合、手書きの文字画像に正解を付けて入力します。

　楷書で書かれた文字や数字は機械にとっても正しく識別しやすいのですが、崩して書いた文字の判別は機械にとって最初はとても困難です。特に「2」や「7」は形状が大きく異なるものも実社会では普通に使われています。このように明確な正解があって、その正解率を向上させるには、教師あり学習が適しています。

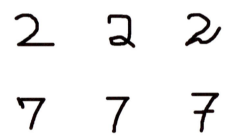

判別が難しい数字

　例に挙げた数字が同じ「2」や「7」であることをコンピュータになんの情報もなく学習させるより、正解がわかっていて特徴量を理解させる方が効率的です。崩して書かれた文字と正解のある**訓練データ**（Labeled Data）を予めいくつかのパターンで用意しておいて学習させます。

3-5 教師あり学習と教師なし学習

教師あり学習

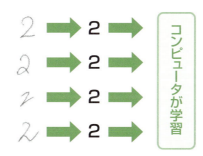

手書き数字の訓練データに正解の情報(ラベル)を付けて学習させる。コンピュータは崩して書かれた状態やクセなどを特徴量として学習し、どの手書き数字も正しく認識する確率が高くなる。

やがて任意の手書きデータを入力するとコンピュータは数字を識別できるようになります。次の段階では、例えばより多くの手書き画像を入力してみてコンピュータの判定結果をディスプレイに次々に表示させ、それを見て人間が正しく認識できたかどうかを確認（採点）します。間違っているなら正解は何か、を教えることで、特徴量を新たに覚えていきます。

教師が結果を判定

機械が出した回答を人間が見て正否を判定するトレーニング。

3-5 教師あり学習と教師なし学習

▶▶ 教師なし学習

　「教師なし学習」は、正解のないデータで機械学習を行うことです。正解がない予測や分析、解析等の分野で使われたり、膨大なデータの中からコンピュータ自身に何かを発見させたり、膨大な訓練データを繰り返して学習させたりする際などに用いられます。

　教師なし学習はコンピュータに画像や音声、数値など膨大なデータを読み込ませて、特徴量を求め、それに従ってパターンやカテゴリーに自動分類したり、クラスター分析、規則性や相関性、特徴、特異性、傾向等を解析させたりします（主成分分析、ベクトル量子化/標本化サンプリング等）。

　また、**データマイニング**など、未知のデータの特徴を発見したり予測したりする分野では、必然的に教師なし学習の手法をとるケースが多くなります。

　なお、教師なし学習を行う場合でも、最適と思われる初期値を与えて学習をはじめた方が効率的と言われています。

教師あり学習と教師なし学習			
	訓練データ	方法	長所 / 短所
教師あり学習	ラベルあり（正解付き）	正解付きデータを機械に自動的に解析させ、算出した特徴量を正解に分類させることで正解と特徴量の関係性を学習する。ものの認識や解析等を行う定義を導いたりする	分類問題では効率的に学習できる。初期段階では学習成果を出しやすい。膨大なラベル付きデータを用意するのに手間がかかる
教師なし学習	ラベルなし	膨大なデータを自動的に解析させるが、正解がないので算出した特徴量から構造、法則、傾向、分類、定義などを導き出す。傾向分析、未来予測などにも応用できる	機械自身が特徴や定義を発見するため、データが膨大にあれば、ラベル付きデータを用意する必要や手間がない。正解がない代わりに報酬（得点）などを設定する必要がある。オートエンコーダなどで事前学習を行った方が効率が良い場合が多い

▶▶ 教師あり学習と教師なし学習の使い分け

　「Googleの猫」の事例では、YouTubeの動画データを中心に膨大な量の画像

データを一週間、教師なし学習させることで、コンピュータが「猫」を認識するようになったとされています。一般に、「猫」を判別するシステムを作りたい場合、前述のように教師あり学習で「猫」の正解付き画像をたくさん見せる学習方法をとります。しかし、Googleの猫は画像や映像を教師なし学習で解析させ、「猫」という存在を認識したというから驚きが走ったのです。

その後、教師あり学習で訓練を行って画像認識精度を向上させました。分類機を作ってこのニューラルネットワークを評価すると、従来の認識率より相対比70%以上の精度向上が見られたといいます。ディープラーニングは、とりわけ画像や音声の認識には大きな成果を上げていて、多くの分野で実用化が始まっています。画像や音声認識以外でも、会話チャットボット、さまざまなデータ分析や予測等で活用される見込みです。

第1章で解説した、世紀の囲碁対決で知られるGoogleの「AlphaGo」は、まずインターネット上の囲碁対局サイトにある3000万「手」に及ぶ膨大な棋譜データを読み込ませて学習させました。最初は人間が教える言わば「教師あり学習」です。しかし、それでは学習データが足りないということで、次にAlphaGo開発チームはコンピュータ同士で囲碁の対局を自動で行わせました。教師なし学習で経験値とも呼べるデータを新たに学習・蓄積させました。その対局数は3000万「局」とも言われています。これが「**強化学習**」で、キーワードとしても注目されました（「強化学習」については次項で解説します）。

また、Google DeepMindの「DQN」は、ブロック崩しゲームのルールを自分で学習し、人間よりも高得点が得られるようになった話も紹介しました。この例では教師なし学習が最初から用いられました。コンピュータは最初、意味もわからず落ちてくるボールを見過ごしていましたが、偶然ボールをはじいてブロックに当たったことで得点が入ることを学習します。このように、教師なし学習では機械がただ漫然と解析を繰り返すのではなく、正解やステップアップのための目標が必要になります。

そこで重要になるのが「**報酬**」です。テレビゲームで言えば得点や「クリア報酬」みたいなものですが、機械学習ではこの得点を与えることが重要となります。そのしくみは後述します。

3-6

強化学習

「強化学習」は機械学習の一種ですが、教師なし学習に含まれます（ただし、教師あり学習にも教師なし学習にも含まないという説もあります）。
あえて日常の学習にあてはめるならば、「習うより慣れよ」、「体得」することで理解する学習方法に似ています。

▶▶ 試行錯誤で学ぶ「強化学習」

　「強化学習」（Reinforcement Learning）は、トレーニングによる試行錯誤からはじまり、直近の目標を達成して次のレベルを目指すことを繰り返しながら上達していく学習方法に似ています。

　コンピュータは人間が作成したプログラムの内容を正確に実行することに長けていることはご存じだと思います。プログラムの多くは英数字を使ってコードで記述されることから、プログラムを作成する作業を「**コーディング**」（Coding）と呼びます。コンピュータでは一般に、基本的な処理手順はもちろん、様々なケースを想定してそれに応じてあらゆる対処・処理の方法をプログラマーが記述していく必要があります。人間もマニュアルに従って行動したり、学習したりしますが、コーディングとはそのマニュアルのようなもので、コンピュータにとっては行動の規範になる最も重要なものです。言い換えれば、マニュアルに書かれていないこと、プログラムに記述されていないことには、対処できません。

　人間の学習の中にはマニュアルに記述できないものもあります。例えば、自転車に乗ることを考えてみましょう。
　マニュアルに自転車の乗り方が載っていて、それを読んだとしても自転車に乗れるとは限りません。おそらく乗れないでしょう。実際に自転車に乗って目的地まで移動できるようになるには、自転車の乗り方を十分に体得する必要があります。子供の頃、何度か転びながらも、1mから5m、10m、50mと少しずつ自転車で移

3-6　強化学習

動できる距離が長くなっていき、やがて完全に乗るコツを理解した経験がある人も多いと思います。

▶▶ 「強化学習」には「報酬」が必要

　「強化学習」も同様です。コーディングによって記述するのではなく、機械に**試行錯誤**させて失敗と成功から学習していく方法です。ところが、ただ膨大な訓練問題を渡して機械にやらせたとしても、機械には何が成功なのかがわからず、それでは学習もはかどりません。学習目標として、成功と判断するための要素を何か与える必要があります。そこで成功や成果に対してスコアを与えます。これを「**報酬**」や「**得点**」と呼びます。

　自転車の例で言えば、1m走って転倒するより、10m移動できた方が高いスコアとします。
　もっと長時間、転ばずにバランスをとり続けたらもっと高いスコアを与えます。コンピュータはスコアが高いほど成功したと見なし、実行を繰り返すことでより高いスコアが得られる方法やルールを自律的に学習できるようになります。

　「強化学習」は、開発の上ではとても効率的な一面があります。例えば、自転車に乗れるロボットを開発する場合、プログラミングやコーディングで姿勢の制御を行おうとした場合、左右や前後の傾き、速度、重心、ペダルに対する脚力のオン/オフなど多くのセンサーと連携して情報を細かく分析し、あらゆる体勢を考慮に入れて、バランスやペダルをこぐ力を調整するプログラミングが求められるでしょう。考えただけで気が遠くなる思いです。また、雨が降った後で路面が滑りやすいとか、自転車そのものが完全に直進せずにやや右に曲がるくせがある等、あらゆる事態を想定してプログラミングすることが理想ということになります。実際にやってみて微調整や修正等の繰り返しも必要でしょう。

　これを強化学習で行うと、人間があらゆる状況や事態を想定してプログラミングするのではなく、センサー等の情報を元に、最適なバランスを取る方法や転ばず

第3章　超入門かんたん解説　AI関連技術と専門用語

179

3-6 強化学習

に前に進む方法などを自律的に学習して修得させることもできるかもしれません（転ぶたびにロボットが壊れていては効率が良くないので、転ぶ直前までで学習させる方法が必要ですが）。

　たとえバランス制御やそれを機械が修得するのに長時間かかったとしても、ロボットが自律的に学習するのであれば、放っておけば自律的に学習するので、人的な開発コストや労力は大幅に削減することが期待できます。

▶▶ エージェントと報酬

　強化学習の説明を読むと難解な表現が並んでいて、難しい印象を受けることが多いと思います。例えば、Wikipediaでは「ある環境内におけるエージェントが、現在の状態を観測し、取るべき行動を決定する問題を扱う機械学習の一種。エージェントは行動を選択することで環境から報酬を得る。強化学習は一連の行動を通じて報酬が最も多く得られるような方策（policy）を学習する」とあります（2016年5月時点）。

　具体的に理解するために、ここで説明されている「**エージェント**」「**環境**」「**行動**」「**報酬**」の意味を簡単に解説します。強化学習で重要となるワードです。

　ラットやモルモット等の実験例で「**スキナーの箱**」を使った説明がよく知られています。

　例えば、あるボタンを押すと透明のエサ箱からエサが流れ出てくるという仕掛けを設置したゲージにラットを入れたとします。ラットはエサを見つけて興奮しますが、透明なエサ箱に入っているので食べることができません。そのため、最初はどうしていいかわからず、どうにかしてエサを得ようと透明なエサ箱を動かそうとしたり、かじって壊そうとしたりするでしょう。そして、あるとき偶然にもボタンを押すことによってエサを得ることができます。何回かその体験をすることによって行動パターンが強化され、やがてボタンを押すことでエサが得られるというルールを学習します。

　このときのラットが「エージェント」、仕掛付きのゲージが「環境」、かじったり動

いたりが「行動」、成功して得られるエサが「報酬」です。主にこの4つの要素を設定し、コンピュータに繰り返し学習と経験をさせることが強化学習のポイントです。

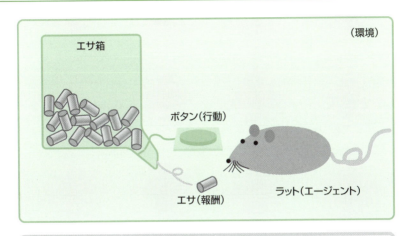

ラットとエサ（スキナーの箱）

「報酬学習」（オペランド条件付け）の説明でも有名な例「スキナーの箱」。ここでは「強化学習」に重要な「エージェント」「環境」「行動」「報酬」の例として示している。

　ラットの例での報酬は、エサがもらえる、エサが食べられるということでしたが、行動によっては痛い思いをすることがあるかもしれません。透明のエサ箱に登ってみたら滑って落ちて痛かったとか、エサ箱をかじったら歯が痛かった等です。行動によっては報酬が達成できなかっただけでなく、かえってマイナスの結果を生む場合もあります。自転車で転んだ経験もエサ箱から落ちた経験も、それを体験することでスコアがマイナスになることをやがては理解し、次からはそうならないように学習します。これらの経験を繰り返せば繰り返すほど、生物はおそらく「賢者」になっていきます。それと同様にコンピュータもまた、トレーニングを繰り返すほど経験を積んで賢くなると考えられます。

　また、生物と異なり、コンピュータは同じような対戦やトライを繰り返しても苦になりませんし、疲れることもありません。数をこなすには時間はかかるものの、放っておくだけで時間の経過とともに学習していくという強みがあります。

▶▶ 強化学習で強くなった AlphaGo

　第1章で紹介した「AlphaGo」は、自動で対局する「強化学習」を行って強くなりました。実際にAlphaGoは、人々の漠然とした予測よりはるかに短い期間で多くのことを学習し、予測よりずっと早い時期に世界的なプロ棋士に勝利したと言えます。これは機械学習の可能性を証明した出来事になりました。

　ただ、ここまで本書を読んだ皆さんは、もう「人工知能が人間を超えた」という表現には、きっと違和感を覚えることでしょう。戦ったのは人工知能というよりは「機械学習によって賢くなったコンピュータ」であり、人工知能ではないのです。
　「瞬く間に人間の知能をAIが凌駕するのでは？」と心配する人もいるとは思いますが、これも現時点では的を射ているとは言えません。囲碁におけるディープラーニングの活用や強化学習による訓練が、専門家の予測よりもずっと効果的に作用して、実用的だったと捉えるのが妥当で、「人工知能、恐るべし」という思いに繋げる必要はありません。

AlphaGoと強化学習

　強化学習では最初、コンピュータ同士で対戦させてある程度のスコアが実現できるようになると、次はプロ級のプレイヤーと対戦させて新しい発見をさせたり、プロが指した手を高スコアの基準として加えたりして経験させていきます。しかし、相手が人間だとプロ級のプレイヤーが何人いても疲れてしまいますから、ある程度までいったら再びコンピュータ同士や自分との対戦を行います。これは何億回繰り返しても人的な負担にならず、繰り返すほど様々な着手や経験を学習していきます。

3-7 バックプロパゲーション（誤差逆伝播法）

ニューラルネットワークの根幹技術に「バックプロパゲーション」というものがあります。コンピュータが出した誤差を元に出力層側から逆に情報を伝達していき、ニューラルネットワークを学習させる手法です。

▶▶ バックプロパゲーションとは？

　「バックプロパゲーション」（誤差逆伝播法、Backpropagation）とは、コンピュータの出した回答が正解ではなかったり、期待している数値とはかけ離れていたりする場合などに、その誤差を出力側から逆方向に分析させて、各ニューロンの誤りを正したり、誤差を少なくするロジックです。私達の生活の中で例えるなら、計算問題で出した回答が間違いだったとき、回答から計算式をさかのぼって計算間違いを見つける」、間違った計算箇所がわかったら、間違わないように修正することで次回からは正解率が上がるだろう、といった感じでしょうか。

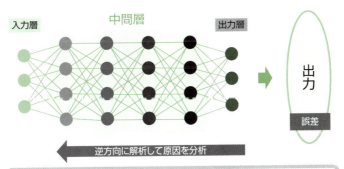

バックプロパゲーション（誤差逆伝播法）

出力が期待とは違う場合、正解（最適解）との誤差情報を逆方向に伝搬させ、各ニューロンの誤差を分析させる。

3-8

ニューラルネットワークをもっと深く知る

ディープラーニングの考え方や手法は新しいものではありません。ではなぜ、ここ数年間で、急激にディープラーニングが注目されるようになったのでしょうか。ここでは、現在のニューラルネットワーク技術の新しさについて、解説します。

▶▶ ディープラーニングの課題「過学習」の回避

既に解説した「Googleの猫」「DQN」「AlphaGo」や、世界的な画像コンテスト「ILSVRC」でも、ディープラーニングは好成績をおさめました。これほどの成果を上げはじめたのには、ブレークスルーと言えるような技術的な進展がありました。それは、コンピュータのスペックが向上したこと、ビッグデータが利用できるようになったことと、そしてディープラーニング特有の課題「**過学習**」を回避できるようになったことです。

ディープニューラルネットワークは中間層を多層化にすることで、より深く考えることができます。多層になるほどニューロンの処理と伝達、算出される特徴量が増え、回答の確度が上がるだろうということは以前から研究され、理論的に有効であることはうたわれていました。

「**過学習**」（over-fitting）と呼ばれる問題は、ディープニューラルネットワークをむやみに多層化して、パラメータの数が多くなりすぎると発生しやすくなると考えられています。過学習がもたらす悪影響は、見慣れた訓練データに対しては確度が高い回答ができる一方で、訓練データにはない未知のデータに対しては精度が下がる（訓練データの影響を受けすぎる）という現象です。つまり、訓練のときには好成績なのに、実践では成果が出せない、そんな状態です。これは汎用性に欠けるという課題を生み、ディープラーニングにとっては停滞期とも呼べる時間の経過がありました。

3-8 ニューラルネットワークをもっと深く知る

▶▶ 畳み込みニューラルネットワーク（CNN）

この課題の具体的な解決策が、「**畳み込みニューラルネットワーク**」（**CNN**）です。

ニューロンが多くて複雑化すると本来は無関係な結合も増えて、それが悪影響を及ぼして「過学習」の原因になることもあります。機械の正解率を上げるためには、層を増やす一方で「無関係な結合を切る」ことが重要になります。しかし、無数のニューロンの結合のうち、どれが有効でどれが無関係かをどうやって判断させれば良いでしょうか。

また、バックプロパゲーションによって出力側から誤差を確認させる方法も紹介しましたが、全て結合させて多層にした状態でバックプロパゲーションをしてしまうと誤差伝播が分散してしまい、全然学習が上手くいかないので、それを回避するためには無関係な結合は切ってしまおう、という発想もあります。

「畳み込みニューラルネットワーク」の特徴のひとつが、無関係な結合を切って関係性が高い結合を残すことです。実際、畳み込みニューラルネットワークではパラメータの数は激減し、多くの場合で成果が向上します。

「畳み込みニューラルネットワーク」（**コンボリューショナル・ニューラルネットワーク**、Convolutional Neural Networks）はCNNと略されます。「畳み込み」という名前の意味から畳み込みのしくみを理解しようとするのは困難です。というのも「畳み込み積分」などの数学用語としてよく用いられる言葉から来ていて、一般に「畳む」や「折り込む」等から受ける言葉の意味とは異なるからです。

では、「畳み込みニューラルネットワーク」とはどういうしくみでしょうか。詳しく理解したい場合は技術者向け専門書を読んで欲しいと思いますが、その特徴を表すと、次ページの図のようになります。画像解析を例に解説します。

第3章 超入門かんたん解説 AI関連技術と専門用語

185

3-8 ニューラルネットワークをもっと深く知る

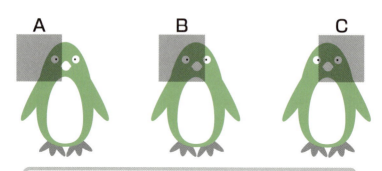

画像解析を例にした畳み込み。画像の一部の領域（A）を解析し、その領域の窓をスライドさせて次の領域（B）、更に次の領域（C）と繰り返していく。

　画像の情報をニューロンに伝達する際、画像の一部の範囲に絞って解析して、その範囲を少しずつスライドさせながら解析を繰り返します。ペンギンの画像例で言えば、画像の左端から特定のピクセル数で一部の範囲を切り出して情報を解析、その窓をスライドするように次の範囲に移動して解析、これを繰り返すことで、全体像を解析していくイメージです。

　これは、画像で言うと空間を把握する効果も伴います。例えば、次の画像では次ページの図のように遠く離れた領域Aと領域Zの関係性は薄く、AとZを結びつけたところで、正解を導くのにはあまり役には立たないとします。

3-8 ニューラルネットワークをもっと深く知る

空間を把握する

AとZの領域の関係性は薄いと考えられる。

旧ディープラーニングでは、Aの領域の情報もBの領域の情報も、すべて次の層の同じニューロンに伝えていました。

過学習の原因になる可能性が高い

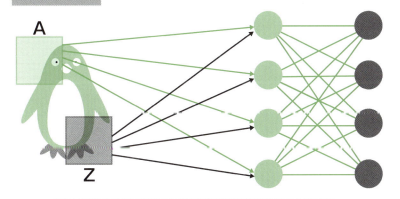

すべてのニューロンに伝搬することで、無関係な結合を生みやすい。

そこで、Aの領域の情報はAに関係の深いニューロンだけに、Bの領域の情報はBに関係の深いニューロンだけに伝えます。これは層間の結合を制限することになりますが、これによってバックプロパゲーションの効率も上がり、学習の成果が上がるケースが多く見られるようになったのです。「正解を導くことに無関係な結合を切った」ということです。

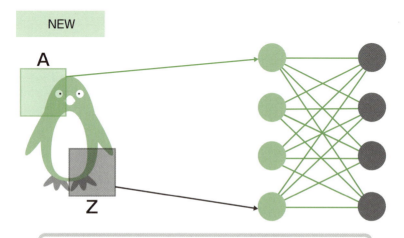

関係性の高いニューロンだけに伝搬することで学習の効果が上がり、ディープラーニングの成果につながった。

畳み込みニューラルネットワークによって、機械学習やディープラーニングによる成果が大きく向上しました。

再帰型ニューラルネットワーク（RNN）

最近は「**リカレントニューラルネットワーク**（Recurrent neural network、RNN）」、日本語で「**再帰型ニューラルネットワーク**」が注目されています。

従来のニューラルネットワークは「静的データ」の扱いに向いていて、「動的データ」は不得手と言われてきました。**静的データ**とは動きのない、あるいは動きの

少ないデータのことで、例えば静止画、テキスト、数値、最新の統計データなどです。犬と猫の画像識別などは静的データです。

　一方、**動的データ**とは、動きが大きい、または時間的な相関関係が重要なデータ、時系列データ等です。会話、動画、音声、時系列の統計データやログデータなどです。RNNはこの時系列解析を行うことを可能にした、動的データ対応のディープラーニングです。最近は、自然言語会話などの分野で成果が上がっているため、今後は「RNN」という用語をIT関連ニュースや一般の人工知能情報でも目にする機会が増えるかもしれません。

3-9

TensorFlow で会話 AI を作ってみた

2016 年 2 月、六本木ヒルズにある Google 本社内で開催された「第 2 回 TensorFlow 勉強会」で、東大発のベンチャー企業シーエイトラボ株式会社の代表取締役 /CEO 新村拓也氏が登壇し、「TensorFlow で会話 AI を作ってみた」という興味深い実験の成果を発表しました。「機械学習だけで会話 AI が作れるか？」というテーマです。

▶▶ 機械学習だけで会話 AI が作れるか？

TensorFlow（テンソルフロー）は、Google が公開しているディープラーニングの機械学習ライブラリです。新村氏は Twitter に投稿されたつぶやきデータをごっそりとクローリングして収集し、TensorFlow や形態素解析ツール等で組んだ会話 AI を使って膨大なつぶやきデータを自動で教師なし学習させると、果たしてそれだけを元に AI は単語を勝手に覚えたり、文章にして人間と会話をしたりするようになるのか、という試みです。新村氏は「2 ～ 3 日しか時間がなかったので、遊びで作って実験してみた」と言っていますが、おそらく多くの開発者の興味を引く内容だったと思います。

Twitter の投稿データは膨大な会話データと言えます。文法を崩したり、ネット独特のスラングや絵文字が多用されていたりと、模範的な日本語会話ではないにしても、会話と情報の宝庫、資源と言えるでしょう。この膨大な会話データを収集し、形態素解析などの技術を使って単語や文節の解析を行い、前後の単語の関連性や使われ方の傾向を分析したものを会話 AI の基礎データとしていくことも可能です。このデータを読み込ませて解析し続けることで、赤ちゃんや小さい子供が言葉を学んでいくように、会話ボットが言葉や会話を覚えていくのか？　そんな実験でした。

3-9　TensorFlow で会話 AI を作ってみた

　本書をここまで読んできて、具体的に「**特徴量**」が見てみたいと思った方もいると思います。この実験はマルコフ型を使用して次に来る単語を予測するモデルを作って算出した「犬」と「猫」のそれぞれの特徴量のベクトル値は次の通りです。ここでの特徴量とはゲームのRPGのキャラクターに与えられるステータスのようなものです（HPやMP）。数値を比較してみると「犬」と「猫」の特徴量がとても似ていることがわかります。

犬と猫の特徴量のベクトル値	
犬	0.1, 0.5, 2.0, 0.4, 2.4
猫	0.1, 0.4, 1.5, 0.3, 2.4

　前述のディープラーニングの項で解説した犬と猫の例は画像認識でしたが、ここでは会話AIの例です。そのため、犬と猫の容姿が似ているということではありません。日常の会話の中で、「犬」と「猫」という単語の使われ方の属性が似ているという分析です。例えばツイッターでは「■を飼っています」「ソファーに■が寝ている」「■がエサを欲しがっている」「ようやく家に着いたら愛■が迎えてくれた」という会話の中の■には犬や猫が入る場合が多く、前後に使われる単語が似ている、場合によってはどちらの単語が入っても違和感がないくらいに使われ方が同じ、という話です。これが「ステータスが似ている」という意味です。

　言われてみればそうだ、と思うことでも私達は普段そんなことは意識していませんから、ディープラーニングの分析によって日常会話でも新たな「気づき」を得ることが少なからずあるのです。

　また、この例では、コンピュータにとっては「犬」や「猫」は数値の羅列であり、どんなものであるかは理解していませんし、理解する必要もありません。それでも、データ的に単語や会話での使われ方を学習して覚えることができます。

　有名な例では、膨大な会話を解析することで「王様 ― 男性 ＋ 女性 ＝ 王女様」という導きが自律的に発見可能になる、「王女様」がどんなものかをコンピュータは理解していないものの、言葉としての使われ方は理解できるということです。

3-9 TensorFlowで会話AIを作ってみた

王様 ― 男性 + 女性 = 王女様

では本題ですが、ツイッターの投稿を収集してニューラルネットワークに機械学習させると、わずか2〜3日でどれくらい会話ができるようになったのでしょうか?

次の図は、その会話画面をもとにしたもので、「>」ではじまる行が人間からの問いかけで、次の行がコンピュータの回答です。

成長の記録（生後15分）

```
>こんにちは
おおおおおしししししし
>お前バカじゃないの?
おおおおおしししししししし
>ちょっと待てよ、さっきからお前「おおおおおお」とか「しししししし」とかしか言ってないじゃん
おおおおおししししししししし
>
```

会話にならないどころか、狂気を感じました。

コンピュータが学習しはじめて15分。「こんにちは」という人間の問いかけに「おおおししし」等と答えてまったく会話になりません。学習しはじめて15分では当然の結果と言えるでしょう。引き続きコンピュータはTwitterのデータを自動的に解析して学習を続けます。

3-9 TensorFlowで会話AIを作ってみた

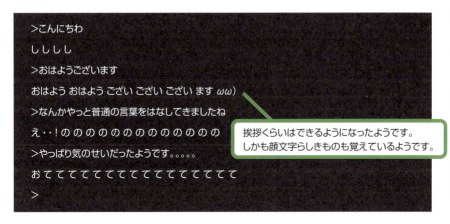

成長の記録（生後1日）

　コンピュータが学習しはじめてから1日経過。「おはよう」をかたことで返すようになっています。

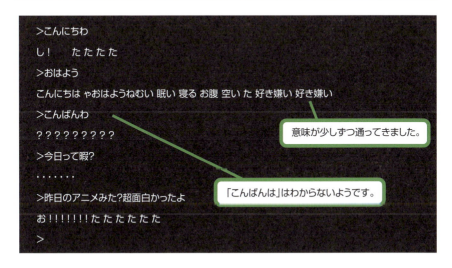

成長の記録（1日ちょっと）

　コンピュータが学習しはじめてから1日強の経過。「おはよう」に対して、「眠い」とか「お腹空いた」など、なんとなく返すようになっています。

3-9 TensorFlowで会話AIを作ってみた

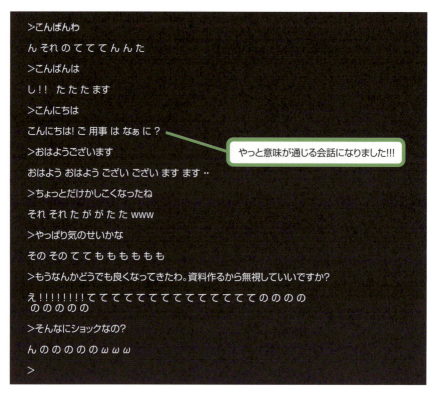

成長の記録（昨晩）

コンピュータが学習しはじめてから3日経過。「こんにちは」という人間の言葉に対して「こんにちは！ご用事はなぁに」と完全ではありませんが、質問で返すようになりました。

勉強会の前日まで、3日間でここまでの進化でした。会話とまでは言えないまでも、人間が教えたり、ルールを記述したりすることなく、機械学習だけで、かたことの対応までは短期間でもできるように感じます。新村氏は「期待したほどの成果はなかったけれど知見にはなった」と語っています。

ここまで本書で解説してきた、機械学習、ビッグデータの活用、会話ボットのしくみ、教師なし学習、ディープラーニングの特徴量などを誌面でイメージできる

良い例だと思い紹介しました。
※ロボスタ連載「ロボットの衝撃!」から一部引用（協力：シーエイトラボ株式会社）

これから注目の機械学習技術

　人工知能やディープラーニングがブームになって、最先端の CNN アーキテクチャも次々に発表されています。シーエイトラボ株式会社の代表取締役 /CEO 新村拓也氏に注目すべき最新の技術を聞きました。シーエイトラボ社はマーケティングやユーザの行動分析を主に行ってきた会社で、現在はニューラルネットワークやディープラーニングを活用してシステム開発をしています。新村氏は、Google で行われているディープラーニング・ツール「TensorFlow」（テンソルフロー）の勉強会で講師を務めたり、研究を発表したりして、啓蒙活動も行っています。

　新村氏によれば、画像認識の分野では特に Google の「Inception」や Microsoft の「Resnet」（Residual Network）等に注目が集まっていると言います。

　Microsoft の Resnet は、最先端の CNN アーキテクチャで、「ILSVRC 2015」の全ての部門で第一位を獲得し、人間の学習能力を超えたとも称されている注目の技術です。ディープラーニングを勉強する際にはチェックした方がいいかもしれません。

　Google の TensorFlow のように一般の技術者が気軽に利用できるライブラリ環境が提供されはじめたことで、ディープラーニングの導入はますます進むことが見込まれています。

　その一方では、ディープラーニングが多層化するほど、過学習を回避する技術やビッグデータの集積が求められたり、訓練学習に超高性能なマシンパワーが必要とされたりと、最前線では技量と環境の差が出るという声も聞こえてきます。

　汎用人工知能の実現にはまだまだ遠いものの、周辺技術の急速な変化からは目が離せません。

第4章

AIを牽引する主要プレイヤー

　パターン認識技術の進化をビジネスに繋げようと、IT業界の巨人たちが熾烈な争いを繰り広げています。IBM、Microsoft、Apple、Google、Facebook、Amazonがまず目を付けたのは、人と会話する技術です。人間の言葉を理解するAIエージェント。高い次元でそれを実現するためには、音声や画像の認識、情報の検索と解析、判断して予測する技術が求められます。それはすべて、ロボットや自動運転車にも共通して重要となる技術です。トヨタ自動車は米国でAI研究のドリームチームを結成。その予算は5年で約1200億円。ぶつからないクルマだけでなく、屋内用ロボットの開発も目標とします。IT企業だけでなく、様々な業種の巨人たちが人工知能の研究に舵を切ります。

　人工知能関連技術を使った製品やサービス、開発が進められている最新技術の数々を企業ごとにまとめました。

4-1

IBM

人工知能を実現するための技術開発に積極的に取り組み、数多くの製品ラインアップを揃えているのが IBM です。そして、それを象徴するのが「IBM Watson」です。Watson はインターネット上のクラウドサービス（SaaS）ですが、これを企業や開発者が利用するための開発ツールとして 30 個以上の API をウェブサイト「IBM Bluemix」で提供しています。これらの API を使って、50 種類以上の先進技術を自社システムで活用することができます。

▶▶ 実績と技術でリードするコグニティブ・コンピュータ「IBM Watson」

「IBM Watson」（以下、Watsonと表記する場合があります）については、本書でもここまで、具体的な導入事例を解説してきましたが、既に海外では36ヶ国、29種類の産業に導入されています。また、8万人以上の開発者がWatsonを使ったシステムの開発に取り組んでいます。

Watsonの特徴をひとことで表現すると、人間の言葉、すなわち自然言語を理解することができ、膨大なビッグデータと機械学習によって専門知識を習得し、質問や課題に対してビッグデータを解析して論理的に推論して、最適な回答をランク付けして複数提示するシステムです。また、解析や予測を繰り返すことで、継続的に知見を学習していくことを目指しています。

機能的には人工知能に最も近いコンピュータシステムと言えるでしょう。しかし、IBMではWatsonを人工知能とは呼ばず「**コグニティブ・システム**」あるいは「**コグニティブ・コンピュータ**」と呼んでいます。「**コグニティブ**」とは「認識知の」という意味で、IT業界では「自ら思考できる」という意味合いも持たせています。IBMは、人工知能は人間と同様の知能を持ったコンピュータ、すなわち「強いAI」だと考えているようで、Watsonは人工知能に必要な多くの技術、自然言語会話、会話分析、ディープラーニングを含む機械学習、データ解析、推理と推論などの技術が使われているものの、人工知能には当たらずコグニティブ・コンピューティ

4-1 IBM

ングであると一貫して発言しています。

　また、Watson自身はプラットフォームなので膨大なデータを持たず、導入した企業のビッグデータから機械学習し、訓練を行ってシステムを構築するしくみとなっています。そのためWatsonは契約してすぐに実践利用できるというものではなく、導入のための学習やトレーニング、チューニングの期間に約3ヶ月～1年がかかると言われています。

自然言語を理解するコンピュータの重要性

　コンピュータ用に作られたデータを「**構造化データ**」と呼びます。株価や為替情報などの数値データ、販売管理データ、各種の統計データなど、ルールさえ定義すればコンピュータはそれら数値の羅列を整理・計算して様々な形で出力することができます。また、センサーからは日常的に膨大な量のデータが送信され、株価や為替など市場データ、天候に関する情報など、構造化されたビッグデータは膨大な量で蓄積されていますが、これを処理することはコンピュータにとっては比較的簡単なことです。

　一方、インターネットもデータの宝庫ですが、実は80％以上の情報はコンピュータが利用するのに適していません。ニュース、論文、Wikipedia、ホームページ、ブログ、Facebook、ツイッター、インスタグラムなど、その多くは人間が読むために書かれた文章や画像などの情報、つまり「**非構造化データ**」だからです。パソコンに保存してあるデータを思い起こしてください。エクセルなどのスプレッドシートのデータは、ルールさえ指定すれば理解できる構造化データと呼べますが、そのほかはワード文書、プレゼンテーションのデータ、各種のPDF、デジタルカメラで撮影した画像、プロモーション動画など、ほとんどがコンピュータにとっては内容を理解しがたい非構造化データです。

　これまでは、非構造化データを構造化データに変換することでコンピュータが処理、解析できるようにしようと努力が行われてきましたが、Watsonやディープラーニングを使った認識システムの登場によって様子は大きく変わりました。つま

第4章　AIを牽引する主要プレイヤー

199

り、自然言語を理解したり、デジタルカメラで撮った写真をそのままコンピュータが解析し、理解できるようにしたりする技術が進歩しているのです。この流れはもう止まりません。自然言語を正確に理解し、人間とスムーズに会話して、インターネットの非構造化データから学習できるシステムが今、求められているのです。

英語版では既に導入実績が発表されていますが、日本語で使用するためにはWatsonは日本語を学習し、理解できるようになる必要があります。IBMはその日本語版の開発をソフトバンクと協業して行いました。更に、Watsonのシステム（サーバ群）を設置運営し、エコパートナーの開拓、一部販売についてもソフトバンクと提携を行い、2016年2月よりサービスを開始しています。

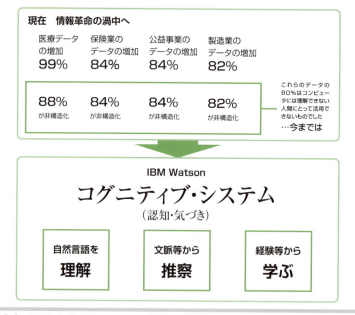

（出典　IBMのプレゼン資料を基に編集部で作成）

4-1 IBM

IBM Watson の歩み

　IBMのコンピュータと言えば、チェスのチャンピオン（人間）と勝負をして勝利したスーパーコンピュータ「**ディープ・ブルー**」が有名です。それに続いて人間に挑戦するために開発されたのがWatsonです。当初の目標は「**ジョパディ！**」（Jeopardy!）という米国のクイズ番組で人間のクイズ王に勝つということでした。「コンピュータなんだから知識は豊富だろう。クイズに勝って当然」と思うかもしれませんが、簡単なことではありません。むしろ当時の技術者たちは「勝つのはとうてい無理だろう」とさえ思っていたのです。

　Watsonは他のクイズ参加者とともに回答に参加します。すなわち、設問は人間に向けて出された**自然言語**によるクイズです。Watsonがやらなければならないのは、自然言語つまり話し言葉から質問を正確に理解し、その答えを瞬時に回答するという、コンピュータとしては大変な難題に挑戦したのです（当時は音声認識ではなくテキスト文字で設問を認識）。そして2011年2月16日（米国時間）がクイズで人間に勝利した記念日となったのです。

　IBMは、Watsonがクイズ番組で勝利してから実用化に向けた開発に着手し、がん研究などの医療分野、フィンテック分野、料理分野で実績を上げてきました。Watsonは4000本を超える医療論文をわずか1秒で理解することができます。

　なお、製品としてのWatsonは、前述したように百科事典のような物知りのデータベースサービスではありません。人間の言葉を理解して最適な情報を発見し、提示してくれるシステムです。データは顧客ごとにカスタマイズしたものを大量に蓄積し、そこから機械学習とトレーニングによって賢く成長していきます。

第4章 AIを牽引する主要プレイヤー

201

4-1 IBM

	IBM Watson　5年間の進化の歩み
2011年 2月	クイズ番組「Jeopardy!」対戦
8月	商用化開始　最初の医療応用システム（9月、WellPoint社）
2012年 3月	がん治療のための情報支援
2013年 5月	顧客対応　IBM Watson Engagement Advisor発表
11月	開発者向け　IBM Watson Developers Cloud発表
2014年 1月	創薬　IBM Watson Discovery Advisor発表
6月	料理レシピ　Chef Watson発表（Bon Appétit社と提携）
2015年 2月	日本語版開発　ソフトバンク社との提携を発表
2016年 Q1	日本語版発表　ソフトバンク社と日本アイ・ビー・エム

　例えば「シェフ・ワトソン」は、新しいレシピが発見できるサービスです。いくつかの食材を指定し、和風、イタリアン、中華料理などの料理方法や、記念日、誕生日等のスタイルを指定すると、Watsonがそれに合わせて料理の提案をして、そのレシピを作ってくれるというもの。プロが作った9000以上のレシピとその評価、成分情報などを蓄積し、組み合わせて推論し、美味しいと感じるであろうレシピを提案します。

　日本でも2014年12月、「ミシュランガイド東京2015」で二つ星を獲得した東京西麻布のフランス料理店「レフェルヴェソンス」とWatsonが組み、Watsonが提案したレシピを一流シェフの生江史伸氏が実際に料理してふるまう試み「未来を味わおう。IBMコグニティブクッキング」が公開されて話題になりました。その日、作られた5品目の料理のうちのひとつ「かぶのソテー」は同店の代表料理ですが、「かぶ」「ソテー」「フランス風」のキーワードを与え、Watsonがどうアレンジするか生江氏も「見てみたかった」と言います。結果はレタスやマッシュルームなどの食材を使用した新たな味わいのものになり、シェフ自身にとっても新たな発見となりました。

4-1　IBM

　また、2015年4月、ヘルスケア分野では米IBMのヘルスケアクラウド基盤「**Watson Health Cloud**」で米Apple社等と提携することを発表しました。AppleはiPhoneなどで利用しているiOS用に「HealthKit」や「ResearchKit」の普及を推進していますが、「Apple Watch」などのウェアラブル端末でヘルスケアのデータを蓄積し、Watsonによって自然言語でヘルスケア情報のやりとりができるようになると期待されています。また、開発者向けにヘルスケアデータを蓄積し、Watsonを活用して解析等が可能なクラウド環境を提供するとしています。

▶▶ IBM Watson の機能

　IBM Watsonファミリーは多くの機能を有し、様々な専門分野に対応できるラインアップを揃えています。全容としては下記が挙げられます。

IBM Watson ファミリー

Offering

Watsonエンゲージメントアドバイザー	Watson Engagement Advisor	質疑応答
Watsonディスカバリーアドバイザー	Watson Discovery Advisor	解析・発見
Watsonポリシーアドバイザー	Watson Policy Advisor	回答抽出
Watsonディシジョンアドバイザー	Watson Decision Advisor	判断支援

Product

Watsonエクスプローラー	Watson Explorer	
Watsonアナリティクス	Watson Analytics	
Watsonキュレーター	Watson Curator	

Application

Watson for ウェルス・マネジメント	Watson for Wealth Management	資産管理
Watson for オンコロジー	Watson for Oncology	がん治療
シェフ・ワトソン	Chef Watson	料理レシピ

Platform(開発者支援)

Watson Zone on Bluemix
Watson Developer Cloud
Watson Tooling

　英語版では既にこれらは全てリリースされていて、2016年2月にソフトバンクと共同で発表した日本語版IBM Watsonの機能は、次の6つです。今後も順次、日本語に対応した機能が追加されていく予定です。

203

4-1 IBM

日本語版 IBM Watson の機能

言語処理

①自然言語分析(NLC：Natural Language Classifier)

　自然言語を理解し、学習に基づいて適切な「意図」を返答する

②検索 & ランク付け(R&R：Retrieve & Rank)

　機械学習アルゴリズムを利用した検索エンジン

③文書変換(DoC：Document Conversion)

　テキスト文書へのフォーマット変換

④対話(DLG：Dialog)

　アプリケーションとエンドユーザが対話する会話応答システム

会話処理

⑤音声認識(STT：Speech To Text)

　音声のテキスト変換

⑥音声合成(TTS：Text To Speech)

　テキストの音声変換(発話)

※IBM Watson自体の技術はほかにもたくさんあり、画像認識や推測など、
　日本語の理解とは直接関わらない部分は日本語化されていないAPIをそのまま利用する。

　IBM Watsonの事例については本書でも前述してきましたが、「**NLC**」(Natural Language Classifier) は自然言語 (人間が通常話している言語) を解析して分類を行い、結果として人間の意図をくみ取ることができる技術です。形態素解析等の文章解析技術の進歩によって、文章を文節や単語に区別する技術はめざましい進歩を遂げています。しかし、話者が意図した単語を正確に特定できるかと言うと、曖昧な部分があります。

　例えば、文章から「ソフトバンク」という単語を解析したとして、その単語だけでは話者が意図している「ソフトバンク」が企業名なのか、店舗のことなのか、

204

4-1　IBM

はたまたある特定の携帯電話やスマートフォンの機種をさしているのか曖昧です。もしかしたらプロ野球球団、ホークスの話をしている可能性もあります。人間は文章を構成するその他の単語や前後の文脈を読んで、なんの話題についてやりとりしているのかを理解し、ソフトバンクという単語が何を指しているのか意図を理解しますが、Watsonも同様のことができるのです。

　「R&R」（Retrieve & Rank）は話題の機械学習を利用した検索エンジンです。NLCとR&Rを組み合わせることで、従来の検索エンジンよりも高度な回答を返すことができると期待されています。例えば「去年、ソフトバンクは日本一になったっけ？」という質問に対して、ソフトバンクが球団のことを指していて、2015年、プロ野球の日本シリーズで勝って優勝した、それを日本一と表現する、ということを理解すれば、質問の意図に対して正しい答えが返せる、ということです。

　またWatsonは、回答を最適解と思われる順にランク（順位）を付けて返せるという特徴も持っています。日本一がプロ野球の順位のことを言っているのだろう、ということは高確率で正答だと思われますが、もしかすると携帯電話会社の契約者数や増減数の順位を話題にしている可能性も少なからずあり、確率が低いものでもランキング順に提示することで、最終的には人間が回答をチョイスして活用できます。

▶▶ ボブ・ディランと会話し、レディー・ガガの性格を分析する

　Watsonが**ボブ・ディラン**氏に「言葉を学ぶためにあなたの歌詞をすべて読みました」と話しかけます。まさか、という表情で「僕の曲を？　全部だって？」とディラン氏が問います。するとWatsonが言います。「1秒間に8億ページを読むことができます」。更にWatsonはディラン氏の歌を分析したと言い、テーマは「『時の流れ』と『うつろう愛』ですね」と話します。そしてWatsonは「愛とはなんでしょう？」と問いかけます。ディラン氏は「一緒に歌を作ればわかるよ」と答えます。コンピュータとの会話だからこその感慨深さがあります。

　これは、IBMが公開している短編のプロモーション動画です。Watsonが流ちょ

第4章　AIを牽引する主要プレイヤー

205

うに会話できること、歌詞を分析できること、まだ愛は理解していないことを示したものです。この後、Watsonはディラン氏の前で歌を歌います。

　「IBM Watson Developer Cloud」（英語／一部日本語）というウェブサイトではWatsonの技術やツールの情報を紹介していて、その中に興味深いデモがあります。「Personality Insights」という機能でTwitterのツイートをWatsonが分析して、そのヒトのパーソナリティ、性格を分析するというものです。現在は日本語版が導入され、自分自身のツイッターの投稿をWatsonに性格診断をさせた結果を見ることができます。

　英語版デモではサンプルとして**レディー・ガガ**（歌手）のツイッターも分析する例が見られました。レディー・ガガの場合は14503の単語から性格を解析した結果が表示され、「性格はアクティブ（積極的）で、美しさや創造的な体験を求めています。自信に満ちあふれ、困難なことにも取り組むことができます。それでいて達成したことについては比較的無関心。もう少し伝統を重んじて、あなたが所属するグループに対して尊重し、指示に従うことも大切です。」というサマリー分析を行っています。

　性格分析の結果をビジネスでどう活用するかというと、顧客の性格や行動を分析した上で、より個人に合わせた（パーソナリティを考慮した）提案が可能になるかもしれません。例えば金融商品であれば、比較的積極的と分析された顧客には多少の危険は伴うけれどハイリスク・ハイリターンの商品を提案し、消極的な人にはリスクの少ない堅実な商品を薦めるといった感じです。また、自分中心的な性格と分析された人には「お客様向けに特別な商品」として提案したり、社会性の意識が高いと分析された人には募金に繋がる商品を薦めたりすることもできるでしょう。

　この性格分析技術は一部の企業で既に導入されています。そのひとつは人事配置のマッチングやプロジェクトチームのメンバー構成に利用するものです。

4-2

Microsoft

Microsoftは、ビジネス関連事業で膨大なビッグデータを扱い、Bingなどの検索エンジンが日夜クローリングして、情報を収集しています。MicrosoftがAI技術分野でも攻勢に出ているのは、当然のことかもしれません。

▶▶ Azureファミリーで猛追

2014年3月、MicrosoftはPaaS／IaaS（Infrastructure as a Service）型のクラウドプラットフォームを「Windows Azure」から「Microsoft Azure」（アジュール）に名称変更して再出発しました。Azureはインフラ基盤からデータベース、各種APIやツール群、セキュリティなど多岐にわたるものの総称ですが、なかでも人工知能アルゴリズムを活用したサービスが「Microsoft Cognitive Services」（マイクロソフト・コグニティブ・サービス）です。

同社は、研究開発機関のMicrosoft Researchを中心にして人工知能の要素技術や自然会話技術の研究を行っていて、IBM WatsonやGoogleを猛追し、評価を上げはじめています。MicrosoftはAI技術の研究を1991年から取り組んでいますが、その成果のひとつとして本格的に商用化に踏み切ったものです。IBMに続き、Microsoftも使ったことで「コグニティブ」という単語が今後のキーワードとなっていきそうです。

コグニティブ分野でIBM Watsonと真っ向から対立する姿勢を見せるMicrosoftですが、同社はIBMと比べて、Bingのクローリング技術やビッグデータを基盤とする検索技術で優位性があると考えているようです。

4-2 Microsoft

Microsoft Cognitive Services を体験する

「Computer Vision API」のページで認識技術を試してみることができる。予め用意されたサンプルでは写っている人物の顔を認識して性別や推定年齢を表示するほか、画面の丸印をクリックして、ユーザが用意した画像をアップロードして人物を認識させたり、どんな状況なのかを分析させたりすることができる。

https://www.microsoft.com/cognitive-services/

4-2 Microsoft

Microsoft Cognitive Services

Vision API（視覚）

Computer Vision API（画像から有益な情報を自動抽出）

Face API（写真から人の顔を自動的に検知・特定、分析・整理）

Emotion API（人の感情を自動認識）

Video API（動画の分析と編集）

Speech API（音声）

Bing Speech API（音声とテキストの相互変換と意図の自動認識）

Speaker Recognition API（話をしている人物を自動特定）

Custom Recognition API〔モデルのカスタマイズにより、音声認識の障害（話し方／ノイズ／語彙）を排除〕

Language API（言語）

Bing Spell Check API（スペルミスの検知と訂正）

Language Understanding Intelligent Service（自然言語をアプリが理解可能なコマンドに変換）

Linguistic Analysis API（テキストに対する言語分析）

Text Analysis API（感情／キーフレーズ／話題／言語の自動認識）

Web Language Model API（Web学習モデルによるワード分割や言語出現等を求める）

Search API（検索）

Bing Auto Suggest API（Bing オートコンプリート）

Bing Image Search API（Bing 画像検索）

Bing News Search API（Bing ニュース検索）

Bing Video Search API（Bing 動画検索）

Bing Web Search API（Bing Web 検索）

Knowledge API（知識）

Academic Knowledge API（論文／学術誌／著者等の学術データに基づいたオートコンプリートやヒストグラム計算）

Entity Linking Intelligent Service（複数単語から成る固有名詞の自動認識）

Knowledge Exploration Service（構造化データに基づいたオートコンプリートやヒストグラム計算）

Recommendation API（レコメンデーション）

第4章　AIを牽引する主要プレイヤー

209

▶▶ ResNet（Deep Residual Learning）がILSVRC 2015で優勝

　Googleのディープラーニング技術が注目されたひとつのきっかけが、ImageNetの国際的な物体認識（画像認識）コンテスト「ILSVRC」（ImageNet Large Scale Visual Recognition Challenge）での活躍でした。GoogleNetは2014年に機械学習のディープラーニングを使って誤回答率6.7%で優勝を果たしました。これは前年の誤回答率（11.7%）を大きく下回るもので、他の上位チームもディープラーニングを採用したものばかりだったため、注目が集まりました。

　そして2015年のILSVRCは、マイクロソフトの「ResNet」（Deep Residual Learning）が席巻した年になりました。エントリーした5部門すべてで1位を獲得する快挙を成し遂げ、画像認識技術の評価を大きく上げたのです。ResNetは152層の深さのアーキテクチャで更に大きく誤回答率を下げて3.57%を達成しました。

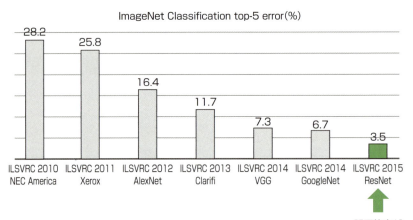

ResNetの快挙

2012年のディープラーニングの登場から、誤認識率が一気に下がるという快挙が起こった。そして2015年、ResNetが「人間の認識率を超えた」と言われる。

4-2　Microsoft

▶▶ 機械学習を使った会話&翻訳技術

　Microsoftはキーボードやマウス、タッチ操作に変わる次のインタフェースとして「会話」を挙げています。その現れが音声入力可能なパーソナルアシスタントの「Cortana」、会話を楽しむ「りんな」、中国の「シャオアイス」、英語の「Tay」など、豊富な**AI会話エンジン**群です。

　また、Microsoft Researchで研究されている機械学習を使った**通訳・翻訳**技術が注目を集めています。通訳や翻訳を通して会話技術の研究も積極的に行い、2020年の東京オリンピックまでに外国語と日本語の同時通訳を実現するのが目標です。

　スカイプでは既に一部の翻訳機能にこの通訳技術が導入されていて、英語、スペイン語、イタリア語、中国語、フランス語、ドイツ語などに対応しています。同様にWindows 10などに搭載されているパーソナルアシスタント「Cortana」でもこの技術を活用していく予定です。

　Microsoftはこうした一連のクラウドサービスやAI関連技術の成果によって、トッププレイヤーの舞台に頭角を現しています

4-3

Google

2015年8月、Googleの創業者（ラリー・ペイジ氏やセルゲイ・ブリン氏ら）は、「Alphabet」（アルファベット）という新会社を設立し、Googleを完全子会社化すると発表しました。社名は、投資以上の価値を提供するプラス「アルファ」と賭けを意味する「ベット」が掛け合わされたものです。これは、売上げが見えるビジネスと、次世代向けの研究やチャレンジを、組織の再編によって明確に分けたことになります。

▶▶ 機械学習

この組織再編を深読みすれば、機械学習などのAI関連技術やロボットについては、まだビジネスとして大きな儲けをほとんど生み出していないことを意味しています。

人工知能分野でGoogleの最もセンセーショナルな出来事は「Googleの猫」、グループ会社のディープマインドによる「DQN」「AlphaGo」です。これらは機械学習やニューラルネットワーク、ディープラーニング技術によってもたらされたもので、その技術やAIアルゴリズムはGoogleの主要サービスであるGoogle検索（**RankBrain**、ランク・ブレイン。機械学習を用いた人工知能システム）と広告、Googleフォト、Gmailなどに導入されはじめています。しかし、一方でニューラルネットワークやディープラーニングを現時点でビジネスに実践投入するのは大きなリスクが伴う、とも考えられています。

Googleは、ディープラーニングを使った機械学習のライブラリ「**TensorFlow**」（テンソルフロー）を公開し、オープンソース化しました。これによって、多くの開発者が無料でディープラーニングの技術を導入したシステムを自社開発することができます。

4-3 Google

▶▶ メッセージアプリ「Allo」

ディープラーニングを活用した対話型のインタフェース「**Googleアシスタント**」は、Android端末で既にお馴染みになっているパーソナルアシスタント「**Google NOW**」（OK Google）でも利用されています。この技術は、AppleのiOSの「Siri」、Amazonの「Alexa」、Microsoftの「Cortana」等と競合する技術です。

Googleが2016年5月に開催した開発者向けイベント「Google I/O」ではこの競合他社に対して新たなチャレンジが示され、そのひとつとして「**Allo**」（アロ）が発表されて注目されました。

AlloはGoogleアシスタントが搭載されたメッセージアプリ（チャット）の一種ですが、特徴的なのはチャットの会話の意図を読んで、複数の返信を予測して提案してくれることです。もうひとつはGoogleの検索エンジンがチャットに加わることです。欲しい情報や商品を探していることをチャットに伝えると、Google検索エンジンと連携して回答してくれるだけでなく、タクシーやレンタカー、レストランの予約も行うことができます。更にグループ機能と連携して、友人たちとのチャット内でGoogle検索エンジンを会話の中で利用することができます。

▶▶ Google Home

Google I/Oでもうひとつ注目された発表がGoogleアシスタントとAlloを搭載した「**Google Home**」です（2016年内の発売予定）。

Google Homeは、スマートホームを実現するためのハブのひとつとして開発され、ユーザとは音声で会話することができます。後述の「Amazon Echo」の対抗となる位置付けです。

Googleは「**Nest**」という空調を制御するサーモスタットや火災報知器のシステム会社を買収しています。サーモスタットは日本では馴染みがありませんが、部屋ごとにエアコンを設置する日本とは異なり、住宅や工場などで棟単位や地域で室温を管理するシステムです。Nestは独自の人工知能関連技術を持っていて、このサーモスタットの管理を含め、Googleはスマートホームを管理するIoTのハブとなるデバイスを浸透させたい狙いがあります。

第4章 AIを牽引する主要プレイヤー

213

4-3 Google

▶▶ 自動運転車

　Googleは無人の「**自動運転車**」（Self-Driving Car）の開発に着手していて、既にシリコンバレーをはじめとする様々な地域で公道をテスト走行しています。本来はハンドルやアクセルペダル、ブレーキペダルなどの操作系は不要ですが、州の法律によって制限があるため、現在はハンドル等の操作系機器は付いた状態です。テスト運転中は人が搭乗し、緊急時には緊急停止ボタンを押して停車できるものの、基本的な運転はAIが自動で行います。

　車体はトヨタ自動車のプリウスやレクサスなどが使われていますが、同時にGoogleの自社設計による「Prototype」（プロトタイプ）を開発し、米ミシガン州のRoushが製造しています。ルーフに設置されたLIDAR（レーザー光センサー）が360度の視界を確認し、更に前方はミリ波レーダーを設置して、人や自転車、道路の環境変化を認識します。この認識にも機械学習が導入されています。Googleはこれをどのように実用化するかを明確に発表していませんが、現地では無人タクシーとして利用したい考えではないか、と言われています。

4-4

Facebook

Facebookに投稿される膨大な情報コンテンツは同社の大きな資産ですが、そのビッグデータを人工知能で分類・活用することで、Facebookの価値を更に高めようと考えています。また、Facebook Mなどのチャットボットによる新しいサービス展開にも積極的で、CEOのマーク・ザッカーバーグ氏は、「家庭用のシンプルな人工知能を発明すること」を2016年の目標にしています。

▶▶ ディープラーニングによるテキスト解析エンジン「DeepText」

2016年6月、Facebookは、Facebook AI Research（FAIR）が開発した「**DeepText**」を発表しました。DeepTextはディープラーニングを使ったテキスト解析エンジンで、1秒に数千本のテキスト文章を学習する能力があると言います。現時点でこの機能の応用はMessengerとFacebookのタイムラインが考えられます。

Messenger やFacebookの投稿に「××円で××を売りたい」と投稿した場合、「オークションやフリマアプリに出品しますか？」とアプリ連動機能を促したり、「クルマがない」と投稿したら「タクシーを呼びますか？」という返答を返したりして「タクシーを呼ぶ」ボタンを表示するなどの対応をします。このようにDeepTextは会話の意図をくみ取った対応ができるとしています。

また、Facebookのタイムラインには友達の投稿や友達が勧める情報が表示されていますが、ユーザにとって興味のある情報だけ表示された方が有用です。このことから人や場所、出来事などで分析し、その情報の重要度が高いと思われるユーザに表示する機能を強化するとみられています。タイムラインに自分好みの情報が増えれば、「いいね！」や「シェア」（共有）する確率も増えて、Facebookの活性化と利用価値の向上に繋がるとみられています。

Facebookと言えば、投稿した写真から人間の顔を検知し、更に誰が写っているかをタグ付けする機能が知られています。Facebookを使ったことがある人な

第4章　AIを牽引する主要プレイヤー

215

4-4　Facebook

ら、テキスト本文以上に投稿された写真に意味があると感じることがあるでしょう。Facebookでは投稿された写真がどのような種類でなにをしているものかを分析し、ユーザが共有（シェア）したり、「いいね!」と連携したりすることで、重要な投稿でユーザ間の結びつけを強化しようとしています。

　また、FacebookはVR（仮想現実）端末で最も注目されている企業「Oculus」を買収し、VR事業にも注力していくことを表明しています。

仮想現実の実用化で注目されるVR装置 Oculus Rift（オキュラス・リフト）

（出典　Oculus Press Kit）

4-5

Amazon

Amazonがオンラインショッピングのリコメンド（推奨）機能にAI技術を活用し、ユーザごとに最適な商品を提案しようとしていることは広く知られています。それ以外にAmazonのAI技術で注目されているのはパーソナルアシスタント「Alexa」（アレクサ）と、それを使ったスピーカー「Amazon Echo」（エコー）です。米国ではすでに2014年から販売されています。

▶▶ Amazon Echo

Amazon Echoを紹介する動画では次のようなやりとりが行われます。

Amazonから届いたEchoを父親がセットアップ、母親と女の子が「何ができるの?」とたずねます。父親は「Alexa!」と話しかけて「きみは何ができる?」と直接Echoにききます。Echoは「私は音楽を奏でたり、質問に答えたり、ニュースや天気予報などの情報をお知らせできます」と答えます。そのやりとりを見ていた長男がやってきて「Alexa! ロックミュージックをかけて!」と言うと、Echoからロックが流れ始めます。

AlexaはiOSのSiriやグーグルのOk Googleと同様、**自然言語**で会話ができる**AIアシスタント**です。グーグルは同様の製品「Google Home」で猛追する構えですが、スマートホーム向け端末（ハブ）としてはEchoが市場を一歩リードしています。スマートフォンのアプリのように、Echoに機能を追加するソフトウエアを「**スキル**」と呼びますが、既に開発者が登録したスキルは1000本を超え、急速に増え続けています。

▶▶ Alexa

では、今後「**Alexa**」はどのように利用範囲を拡げていくのでしょうか。

2016年6月、クラウドファウンディングサービスで資金調達に成功した「**CoWatch**」のスマートウォッチが出荷されました。CoWatchはAlexaに対応した初めてのスマートウォッチで、アマゾンがAlexaでやろうとしている将来像が

第4章 AIを牽引する主要プレイヤー

4-5 Amazon

見えます。

　ひとつの特徴はAlexaのインタフェース、つまり音声会話によってスマートフォンが操作できることです。そしてもうひとつが更に重要で、端末からAlexaにアクセスして電話をかけたり、今日の予定を確認したりするなど、iOSのSiriのような活用方法をサードパーティーが開発した製品でも実現できるということです。

　将来的には質疑応答だけでなく、照明やエアコンの温度設定を行うスマートホーム、オンラインショッピング、タクシーや飛行機の予約など、幅広い機能に対応すると見られています。

4-6

Apple

Amazon、Google、Facebookと並ぶ4大企業とされているAppleは、人工知能関連分野では後れを取っている印象が否めません。トピックスと言えば「Emotient」「Perceptio」「VocalIQ」という3つの企業を買収したことです。

▶▶ 加速する買収戦略

　　Emotientは感情認識の人工知能を開発する企業で、人々の表情から感情を理解し、広告等を見ている表情から興味関心を分析する技術が知られています。Perceptioは画像認識システムにディープラーニングを導入し、自動解析と分類する技術を持っています。

▶▶ 音声認識に注目

　　更に注目したいのは、「Siri」のような音声認識技術を持つ英「**VocalIQ**」（ボーカル・アイキュー）です。元CEOのスティーブ・ジョブズ氏もまた「未来は**Voice First**（音声主導）」と発言していたとされ、自然会話技術がインタフェースの重要な鍵を握っていると見ていました。

　　日本でも大人気のAppleのAI技術でもっとも身近なものがパーソナルアシスタント「**Siri**」です。

　　2016年6月、Appleは、開発者イベント「WWDC」でSiriの開発キット（SDK）を公開することを発表しました。SiriのSDKを公開することで、サードパーティーが自社の端末やアプリでSiriを利用できるようになります。Siriの音声会話の性能にはがっかりしている人も多いとは思いますが、採用が進めば更に高度な会話が可能になっていくかもしれません。「VocalIQ」の全容は明らかになっていませんが、「Siri」と比較して3倍以上も認識率が高いという「噂」があります。

　　パーソナルアシスタントのSDKの公開は、Amazonの「Alexa」、Google

第4章　AIを牽引する主要プレイヤー

219

4-6 Apple

の「Google Assistant」(Google Home) に対抗するためと言われています。Googleが「Google NOW」(OK Googleを含めて) を、Microsoftが「Cortana」をiPhoneで動作するアプリとして提供していることからもわかるように、今後は端末とパーソナルアシスタントをユーザが選択して動作させるようになるかもしれません。パーソナルアシスタントがユーザの性別や性格、身の回りの情報、趣味嗜好を学習して育っていくとしたら、端末を買い換えるたび (iPhoneからAndroidスマホへの買い換えなど) に、パーソナルアシスタントとの関係を一からやり直すのは賢明な選択とは言えません。その意味でもパーソナルアシスタントはデバイスに依存せずに選択できるようにして欲しいというニーズがあります。

Appleは自動車向けの機能「**Apple CarPlay**」(iOS in the Car) を開発し、導入がはじまっています。自動車の中でiPhoneの機能を使いやすく融合するイメージです。Siriの音声コントロールやタッチパネル、マップとの連携、ショートメッセージの読み上げ、iTunesやApple Musicの音楽再生などを車中で行うためのシステムで、Apple CarPlayにはすでに100以上の車種が対応しています。

Apple CarPlay のイメージ

(http://www.apple.com/jp/ios/carplay/)

4-7 トヨタ自動車

自動運転車へと注目が集まり、AI関連技術が社会全体に導入されはじめている中、2014年以降、トヨタ自動車（以下トヨタ）も大きく舵を切りました。新しいサービス「T-Connect」（ティーコネクト）は、まるでAppleやGoogleの車載OSを意識した戦略で、これらに対応したカーナビも発売しています。

▶▶ T-Connect

新しいテレマティクスサービス「T-Connect」（ティーコネクト）は、ドライバー向けの音声対話型エージェントや、アプリが追加できる「**Apps**」（アップス）などを含みます。「**テレマティクス**」とは、テレコミュニケーション（通信）とインフォマティクス（情報工学）の造語です。

システム概要を、次の図に示します。

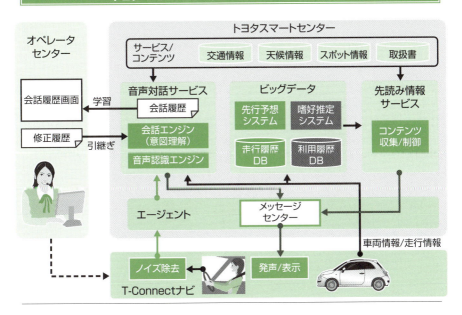

トヨタ T-Connectのエージェントのシステム概要

4-7　トヨタ自動車

▶▶ TRI の設立

更に2016年1月、人工知能技術に積極的なアプローチを仕掛けました。

トヨタは米国に**Toyota Research Institute**（**TRI**）を設立し、AI研究の権威とも言えるメンバーを招聘して、ドリームチームを結成したのです。米カリフォルニア州パロ・アルト（シリコンバレー）と、米マサチューセッツ州ケンブリッジに拠点を設けています。それぞれの場所にはスタンフォード大学とマサチューセッツ工科大学（MIT）があり、両校と人工知能の連携研究を行うことも公表しています。なお、その後、更に第3の拠点として米ミシガン州にも設立することを発表しています。

2016年の家電見本市（ラスベガス）で大々的に発表したTRIの主要メンバーには、人工知能関連技術分野で著名なメンバーが名前を連ね、業界関係者たちを驚かせました。この他に、アドバイザリー・メンバーにはスタンフォード人工知能研究所所長のフェイフェイ・リ氏やMITコンピューター科学・人工知能研究所所長のダニエラ・ラス氏もいます。

氏名	TRI での担当・専門領域	説明
エリック・クロトコフ（Eric Krotkov）	最高執行責任者（COO）	元 DARPA プログラムマネジャー
岡島 博司	エグゼクティブ・リエゾン・オフィサー	トヨタ技術統括部主査
ラリー・ジャッケル（Larry Jackel）	機械学習	元ベル研究所部門長、元 DARPA プログラムマネジャー
ジェームス・カフナー（James Kuffner）	クラウドコンピューティング	カーネギーメロン大学教授、元 Google ロボティクス部門長
ラス・テッドレイク（Russ Tedrake）	シミュレーション、制御	MIT 助教授と兼任
ジョン・レオナルド（John Leonard）	自動運転	MIT 教授と兼任
ブライアン・ストーリー（Brian Storey）	計算科学	オーリン工科大学教授と兼任

※ **DARPA** はアメリカ国防高等研究計画局のこと。米軍用の新技術開発および研究を行う機関で、特にロボットや制御技術等にも精通していると見られる。

4-7　トヨタ自動車

　TRIの人工知能研究の予算は、5年間で約10億ドル（約1200億円）です。目標として下記の4つを掲げています。

①「事故を起こさないクルマ」を作るという究極の目標に向け、クルマの安全性を向上させる。
②これまで以上に幅広い層の方々に運転の機会をご提供できるよう、クルマをより利用しやすいものにすべく、尽力していく。
③モビリティ技術を活用した屋内用ロボットの開発に取り組む。
④人工知能や機械学習の知見を利用し、科学的・原理的な研究を加速することを目指す。

▶▶ PFIとの連携

　2014年10月、自然言語処理技術や人工知能関連技術を持つベンチャー企業、**プリファードインフラストラクチャー（PFI）**はディープラーニングやIoTの研究を行う会社、**プリファードネットワーク（PFN）**を設立しています。同社はNTTと資本・業務提携をするとともに、トヨタと自動運転車の実現に向けた共同研究を行うことも発表していて、具体的には機械学習やディープラーニング技術としています。2016年の家電見本市において模型を使った自動運転車のぶつからないことを学習するデモもPFNのディープラーニング技術を利用したものです。

　また、自動運転とは別の話ですが、PFIはトヨタ向けに顧客の意見を分析する「機械学習を利用したデータ分析システム」（VOC分析ソリューション）を開発し、導入を開始したことも発表しています。

4-8

NTT グループ

NTT グループの人工知能関連技術で最も身近なのは、スマートフォンなどで利用されている音声対話型のパーソナルエージェント「しゃべってコンシェル」でしょう。iPhone で利用できるように App Store でも提供されています。この技術はタカラトミーと共同開発したクラウド型コミュニケーショントイ（対話ロボット）「OHaNAS」（オハナス）にも活用されています。

▶▶「自然対話プラットフォーム」を支える「corevo」

NTTドコモは、音声対話型パーソナルエージェントの知見を活かして、OHaNAS等を企業独自の対話ロボットにカスタマイズ可能なサービス「おしゃべりロボット for Biz」の提供を2016年5月に開始しました（ASPサービス）。

また、2016年4月、NTTドコモはe-ラーニングによる教育サービスの提供および運用コンサルティングなどを行う株式会社すららネットと共同で、「**自然対話プラットフォーム**」を活用したクラウド型学習システムの新機能「AIサポーター」を開発することを発表しました。

すららネットの「すらら」は3万名以上の生徒に利用されている、小学校高学年から高校3年生までを対象としたクラウド型学習システムです。生徒の解答結果から独自のアルゴリズムにより苦手分野を分析・特定し、各生徒に最適化した学習すべき解説や問題を自動で提示することが可能としています。これには、「すららコーチ」と呼ぶ現役塾講師が遠隔での生徒をフォローするサービスも行われていて、この発表では従来からのすららコーチに加えて「AIサポーター」のフォローが加わり、対話を通じて適切なフィードバックを行い、生徒の学習意欲やモチベーションの向上を図る狙いです。

AIサポーターが交わす会話にはNTTの「自然対話プラットフォーム」が使われていて、自然対話プラットフォームが持つシナリオ対話と雑談対話の機能に加えて、

すららネットが作成する教育現場における対話シナリオと組み合わせることで、教育分野に適した自然対話システムを構築する試みです。

NTTの「自然対話プラットフォーム」

①「AIサポーター」機能概要

「すらら」オリジナルキャラクターが学習開始時や課題の終了時に生徒の個々の学習行動に応じて、「よくがんばったね」や「まだまだいけるね」などをチャットボックスで生徒に話しかけ、それに対し生徒はテキスト入力でキャラクターと話すことができます。

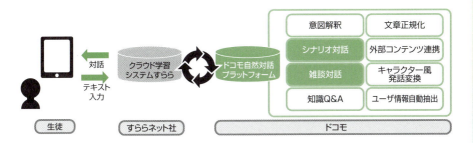

②オリジナルキャラクターによる会話例

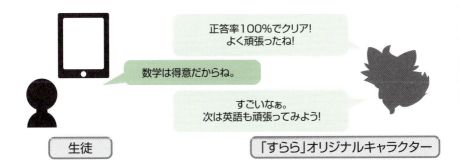

出典　NTTドコモのプレスリリースに基づいて編集部で作成

また、「自然対話プラットフォーム」には、NTTのAI技術「corevo」（コレボ）が使われています。

4-8 NTTグループ

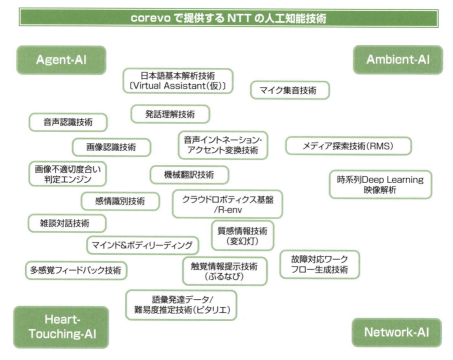

出典　NTTレゾナントのプレゼンテーション資料に基づいて編集部で作成

▶▶ NTTデータは「AIソリューション推進室」を設置

　また、**NTTデータ**ではNTTグループにおける人工知能の応用ビジネスを推進するための組織「**AIソリューション推進室**」を設置し、急速に拡大する人工知能の業務適用ニーズに応えることを発表しています。

　AIソリューション推進室は、NTTの研究所が持っている音声認識、画像認識、自然言語処理、知識処理、機械学習等の人工知能技術と、NTTデータが持つ情報活用ノウハウ・プラットフォームを組み合わせ、フロントオフィス業務およびミドルオフィス業務の支援や、人型ロボットを活用した消費者向けサービス、公共施設におけるコミュニケーション支援サービス等、人工知能を活用した幅広いサービスの創出を目的としています。

4-8 NTTグループ

AIソリューション推進室の役割と位置づけ

ミドルオフィス業務
専門家による意思決定支援
（審査・分析・監視業務等）

フロントオフィス業務
人型ロボットによる顧客対応
コンタクトセンターでの顧客対応支援

人工知能応用ソリューション

公共・社会基盤、金融、法人・ソリューション分野の事業組織

人工知能活用プラットフォーム・ノウハウ

AIソリューション推進室

最先端の人工知能技術（音声認識、自然言語処理、知識処理、機械学習……）

NTT R&D

出典 NTTデータのプレスリリースに基づいて編集部で作成

　なお、既に人工知能技術を応用した例として、NTTデータは次ページの項目を挙げています。

- 融資審査やマーケティング分析等のミドルオフィス業務における意思決定・知的判断の支援（ビッグデータ分析技術を用いたクレジットカード加盟店管理システムの業務活用：三井住友カード）
- 窓口やコンタクトセンター等の顧客対応業務における手続き、商品等の相談支援
- スマートフォン等のモバイル端末や人型ロボットを介したコンシューマー向け対話型サービス（コミュニケーションロボット「Sota」を活用した「高齢者支援サービス」の実証実験）
- オフィス、公共施設、店舗等でのグローバルなコミュニケーションの支援（技術文書を対象にした法人向け機械翻訳サービスを提供：機械翻訳エンジン「多言語統計翻訳プラットフォーム」）

　この中で、「ビッグデータ分析技術を用いたクレジットカード加盟店管理システムの業務活用」は、データベース化した特定のキーワードに基づき、インターネット上のさまざまな情報（ECサイトのページコンテンツ、カード加盟店ホームページ、Twitterやインターネット掲示板の評判等ソーシャル情報）を自動収集し、相互に関連付けることで、情報管理の効率化、加盟店の管理強化、不芳加盟店の検出等を行います。

4-8 NTTグループ

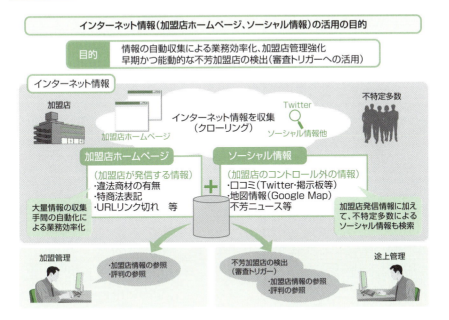

出典 NTTドコモのプレスリリースに基づいて編集部で作成

　また、「コミュニケーションロボットを活用した『高齢者支援サービス』」は、ロボットが利用者と直接対話を行い、利用者の音声データは生活環境に設置した離床センサー、人感センサーのデータとともに、NTTデータが研究開発中のクラウドロボティクス基盤へ伝送され、高度な音声対話技術によってロボットとの対話促進や声がけを実現します。介護支援サービスとして安否確認や転倒予防、服薬確認等の見守りにも応用できます。

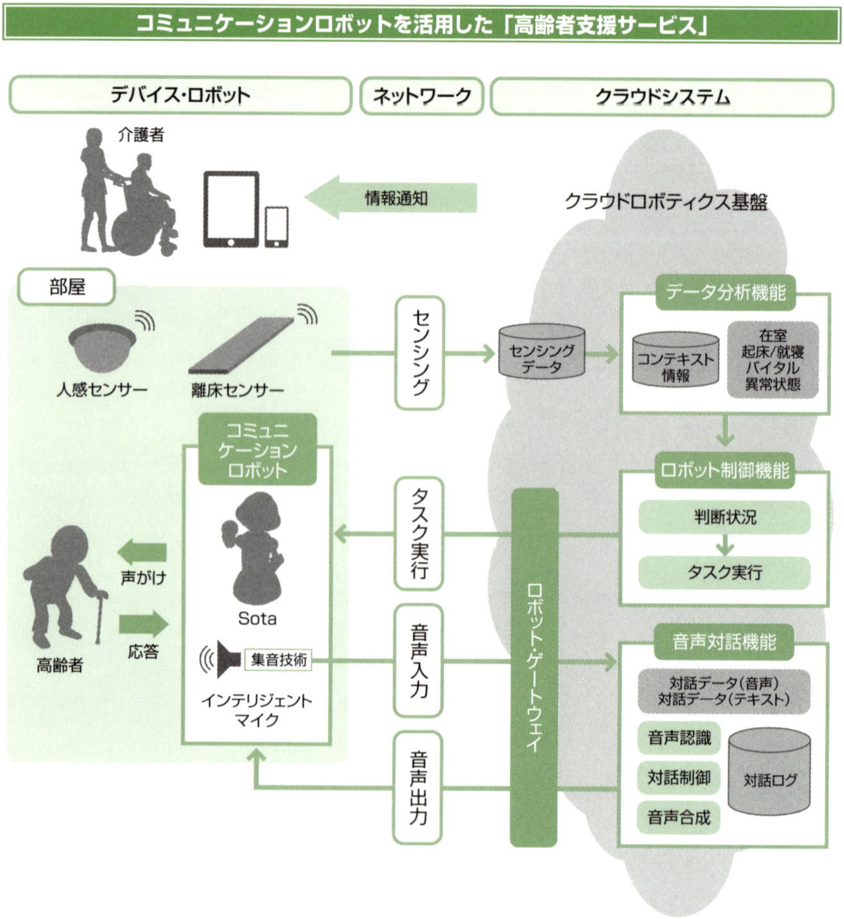

4-8 NTT グループ

コミュニケーションロボットを活用した「高齢者支援サービス」

デバイス・ロボット　　**ネットワーク**　　**クラウドシステム**

介護者

情報通知

クラウドロボティクス基盤

部屋

人感センサー　離床センサー

センシング

センシングデータ

データ分析機能

コンテキスト情報

在室
起床/就寝
バイタル
異常状態

コミュニケーションロボット

タスク実行

ロボット制御機能

判断状況

タスク実行

声がけ

Sota

応答

高齢者

集音技術

インテリジェントマイク

音声入力

ロボット・ゲートウェイ

音声対話機能

対話データ(音声)
対話データ(テキスト)

音声認識

対話制御

対話ログ

音声合成

音声出力

出典　NTT ドコモのプレスリリースに基づいて編集部で作成

230

4-9

ソフトバンクグループ

ソフトバンクグループで、人工知能関連の製品やサービスとして最も知られているのはコミュニケーションロボット「Pepper」です。Pepperはソフトバンクロボティクスが開発・販売しており、会話に関する様々な処理をクラウドAIで行っています。また、目の前にいる人を認識し、声のトーンや表情から感情を読み取ったり、性別や年齢を推定したりすることができます。

▶▶ Pepperの「感情生成エンジン」と「感情認識エンジン」

Pepperには、重要な人工知能技術が搭載されています。それは、ロボット自身が感情を持つ**感情生成エンジン**です。

IT業界で注目されている人工知能関連技術にはいろいろありますが、

・知恵や知識を自律学習したり、分析や解析を行ったりするタイプ
・人間の感情や感性、感覚を学習するタイプ

に大別する見方があります。Pepperの感情生成エンジン（感情エンジン）を開発したcocoroSBによれば、前者は人間の脳で言うと「大脳新皮質」に当たる部分で、いわゆる「万能型の人工知能」、後者は大脳辺縁系に当たる部分で「**人工感性知能**」と呼び、主に人間の感情表現を模倣した分野の研究となります。

人間のように振る舞い、人間と同様に自然会話を行うためには、後者の大脳辺縁系の研究と開発が、とても重要な意味を持ちます。同社では感情生成エンジン、自然言語処理雑談エンジン、物体認識エンジンの3つに加えて、傘下のAGI（Advanced Generation Interface Japan）社が担当している**感情認識エンジン**の技術を持ち、Pepperに搭載しています。家族向けのPepperでは、この機能を家族との親和に利用することができます。一方、ビジネス向けでは、来店客を

第4章 AIを牽引する主要プレイヤー

231

4-9　ソフトバンクグループ

性別・年齢別に集計したり、紹介した情報に対する顧客の反応（表情解析）を読み取って、この情報が効果的だったかどうかを評価したりすることができるので、広告やマーケティング施策としても期待されています。

　これらのエンジンは、東京大学大学院医学系研究科特任講師、科学者・数理研究者の光吉俊二氏の「**感情地図**」の考えに基づいています。

　「感情地図」は、心理学辞典などから抜き出した約4500語の感情表現を、英訳できた限界である223のジャンルにわけ、それを円形のダイアグラムにまとめたもので、さらに、脳内伝達物質、ホルモンなどと情動の関係を、論文調査によりマトリックス化しています。

　一般販売向けPepperには、AGIの感情地図を元にした感情生成エンジンと感情認識エンジンが搭載され、ビジネス向けPepperには感情認識エンジンが搭載されています。

　また、同社はIBM Watsonの日本語化と販売で提携していて、IBM Watsonのビジネス市場の一翼を担っているだけでなく、IBM WatsonとPepperを接続して、コミュニケーションロボットの対応や情報提供をより高度に進化させる可能性をうたっています。

　ソフトバンクグループとしては、Pepperのほかに2016年4月にソフトバンク コマース＆サービスが人工知能型学習エンジン「**MUSE**」を活用した小型のロボット「**Musio**」（AKA LLC社製）の販売・流通における提携を発表しています。Musioは日本国内向けには英語学習用のロボットとしての利用が想定されています。

4-9 ソフトバンクグループ

Pepper に搭載されている感情地図

内分泌物質の状態

V-CRH	+38.15%
V-下垂体ドーパミン	+98.52%
V-線状体ドーパミン	+0.00%
V-NA	+100.00%
V-ACTH	+100.00%
V-コルチゾール	+231.21%
V-血糖値	-0.10%
V-セロトニン	+100.00%

感情機能への入力

音が聞こえた
人の頭が見える
驚いているように見える
人がきたかも
今日はペッパーの発表会
誰かがこっちを見続けている
誰かがこっちを見てる
音が聞こえた

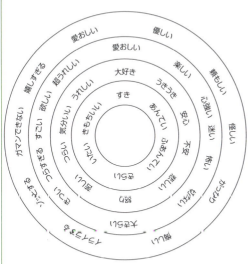

CRH、ドーパミン、ノルアドレナリン、ACTH、コルチゾール、セロトニンなど7種類の内分泌をシミュレートし、ロボットの感情を生成する。

4-10

日本勢の動向

ここまで、ソフトバンク、NTT グループ、トヨタを取り上げて、日本での AI の事業化の様子を見てきました。もちろん、プレイヤーはそれだけではありません。本章の最後に、産業界・学会を併せて、日本における人工知能への取り組みを担うプレイヤーを整理・紹介しましょう。

▶▶ ホンダ

本田技研は 2016 年 6 月、年内に人工知能の研究拠点を東京都内に新設することを発表しました。この施設はディープラーニングの研究を含め、画像や音声の認識、通信、ソフトウエア制御など、自動運転やロボット関連技術の基礎研究を行う予定です。同社は以前から会話エンジンなどを含めて人工知能システムの研究を行っていて、実用的に動作するものもデモ展示等で利用してきました。

また、米シリコンバレーに「**ホンダ・シリコンバレー・ラボ**」（HSVL）という開発拠点を持ち、ここでは米グーグルなどと協業して車載システムとスマートフォンなどの端末機器を連携する技術開発を進めています〔トヨタはグーグルの Android とは競合になるリナックスベースの **AGL**（オートモーティブ・グレード・リナックス）を研究しています〕。

新しい研究拠点を東京都内に新設する狙いは、優秀な人材の確保を行うためと見られています。前述のようにトヨタがシリコンバレーに人工知能の研究拠点「TRI」を設立して攻勢に出る構えを見せていることなどから、人工知能関連の技術者の人材確保競争に拍車がかかりそうです。

▶▶ FRONTEO（UBIC）

人工知能を駆使したビッグデータ解析事業を手がけてきた日本企業の UBIC が、2016 年 7 月に社名変更して新たなスタートを切りました。それが FRONTEO（フ

4-10　日本勢の動向

ロンテオ）です。

　UBICは、人の思考や行動を解析する行動情報科学の研究を進め、独自開発の人工知能エンジン「**KIBIT**」（キビット）を開発しました。KIBITは日本発の人工知能エンジンとして、人間の微妙な心の動きを意味する日本語の「機微」（KIBI）と、情報量の最小単位を意味する「ビット」（BIT）とを組み合わせ、「人間の機微を理解する人工知能」として命名されました。

　それらを活用したデータ解析プラットフォーム「**Lit i View**」（リット・アイ・ビュー）やアジア言語に対応した「**Predictive Coding**」（プレディクティブ・コーディング）技術など、企業向けに訴訟対策や不正調査などの情報解析を行うシステム、更にメールやビジネス文書を解析、特許評価支援やビジネスデータ分析支援のためのシステム、コンピュータフォレンジック調査を支援するシステム等を提供しています。

　また、「Lit i View SNS MONITORING」は官公庁が導入を進めているもので、Twitterや「2ちゃんねる」の書込みなど、SNSを中心に膨大な投稿データを解析し、過去の犯罪予告や脅迫文章を理解し、調査官の経験と暗黙知に基づいて犯罪の予兆や犯罪に繋がる投稿をKIBITが発見し、危険度の特に高いものは自動的にアラートやメールで監視者に通知するシステムです。

　更に、FRONTEOの子会社で人工知能技術を活用したデジタルマーケティング事業を行う「Rappa」（ラッパ）はKIBITと接続したテーブル型コミュニケーションロボット「**Kibiro**」（キビロ）を開発、利用者の行動を分析し、好みや感覚を理解して蓄積するシステムを提供しています。

▶▶ 全脳アーキテクチャ・イニシアティブ

　全脳アーキテクチャ・イニシアティブは「脳全体のアーキテクチャに学び人間のような汎用人工知能を創る（工学）」をミッション・ステートメントに掲げている特定非営利活動法人です。人間の脳を参考にして汎用的な人工知能（AGI）を作ることを目指し、勉強会やシンポジウム、ハッカソンなどを定期的に開催しています。

4-10 日本勢の動向

　全脳アーキテクチャは、富士通の研究所で人工知能研究をおこなってきた山川宏氏が、産業技術総合研究所 人工知能研究センター脳型人工知能研究チーム 一杉裕志氏や東京大学大学院工学系研究科准教授の松尾豊氏らとともに起こした勉強会が発端です。

　その後、全脳アーキテクチャの勉強会の活動に関心を持ったドワンゴが2014年10月、**ドワンゴ人工知能研究所**を設立し、山川氏を所長として招聘し、全脳アーキテクチャを支援しています。創設賛助会員にはドワンゴのほか、トヨタ自動車、パナソニック、ネクストリーマー、PEZY Computing、IPパートナーズが名を連ねています。

　人工知能研究は米国の大学を中心とした研究機関が先行している印象があり、社会への実践も米GoogleやFacebook、Microsoft等の企業が積極的に進めています。これに日本がどのように対抗していくべきかを考え、日本の様々な企業や国の補助、研究機関と連携しながら人工知能研究を進めていくスタンスです。

　全脳アーキテクチャ勉強会には誰でも参加することができ、2016年5月には第14回勉強会「深層学習を越える新皮質計算モデル」とともに、第1回シンポジウム「加速するAI、加速する世界」が開催されました。公式ホームページでは、イベントスケジュールの確認や、講演資料・レポートの閲覧ができます。

全脳アーキテクチャ・イニシアティブ
http://wba-initiative.org/

▶▶ 人工知能学会

　人工知能学会は1986年7月に発足し、会員数約3200名（2015年3月末時点）の一般社団法人の学会です。ホームページによれば「人工知能に関する学際的学問研究の促進をはかり、会員相互間および関連学協会との交流の場を提供することを通じて、わが国のこの分野の学問と産業の進歩発展に貢献するとともに、国際的活動を通して世界のこの分野の進歩に貢献することを目的としています」と

4-10　日本勢の動向

しています。

　人工知能学会誌を年6回発行しているほか、論文誌の発表、解説講座、全国大会、併設国際ワークショップ、各種研究会を定期的に開催しています。執筆時の最新情報としては第30回人工知能全国大会が北九州で開催されました（2016年6月6日〜9日）。またAIセミナー・ツール入門講座として「Deep Learning技術の仕組みと自然言語処理への応用」が開催されました（2016年6月30日）。

人工知能学会
http://www.ai-gakkai.or.jp/

▶▶ 人工知能研究センター（産総研）

　「産総研」とは、国立研究開発法人産業技術総合研究所のことです。日本の産業、社会に役立つ技術の創出、それらの実用化、革新的な技術シーズを事業化に繋げるための橋渡しを行う組織です。いくつかの専門分野がありますが、「情報・人間工学」分野ではロボットと人工知能が研究課題の筆頭に挙げられています。そして、人工知能研究のプラットフォーム形成をめざし、人工知能の研究拠点として設置されたのが「**人工知能研究センター**」（臨海副都心センター：東京都江東区青海）です。

　人工知能研究センターは「社会ニーズに駆動された目的基礎研究、その実用化、技術移転、ベンチャー創出、さらに、それらを通じたさらなる基礎研究の進展、の好循環を生み出すことで、基礎研究と実サービスとのギャップを縮め、インパクトのある人工知能技術の実現を目指す」としており、次ページの2つの研究の柱を設定しています。

4-10 日本勢の動向

①人間の知能を発現させる仕組みを人間の脳から工学的に学ぶことで、脳のように柔軟でしなやかな情報処理を行うコンピュータシステムを実現する脳型人工知能や、脳の神経回路と神経細胞が情報を処理する動きをコンピュータの情報処理の動作に取り込むニューロコンピューティングの研究

②膨大なデータから規則性を学習する機械学習技術と、人間社会が蓄積してきたテキストや知識を理解する意味理解技術やテキスト・知識を使う推論の技術とを自然に融合することで、複雑な判断や行動の決定とその過程の説明ができるデータ知識融合型人工知能の研究

　最近の動きとしては、2016年6月に産総研人工知能研究センター内に、産総研としては初の企業名を冠した連携研究室となる「産総研‐NEC　人工知能連携研究室」を設立しました。NECと産総研は本研究室により、シミュレーションとAIが融合した技術を基本原理から産業応用まで一貫して開発することで、**未知の状況での意思決定**という新分野を確立し、AI研究のさらなる加速と産業への貢献に向けて共同で取り組むとしています。

　「未知の状況での意思決定」とは具体的には「シミュレーションと機械学習技術の融合」「シミュレーションと自動推論技術の融合」「自律型人工知能間の挙動を調整」を挙げていて、観測や予測分野での機械学習、シミュレーターで構築された仮想世界と自動推論技術の融合（自動推論技術）、自律制御システム同士で譲ったり分担したりして協業する連携作業の研究等が行われる予定です。

おわりに

　本書では、人工知能関連の技術が実用化され、ビジネスや生活への導入が凄まじい勢いで進められていることを紹介してきました。人工知能技術、とりわけニューラルネットワーク、ディープラーニングのもたらした進化を実感して頂けたと思います。

　しかし、ここまで読んでお気づきの方もいるかもしれませんが、ディープラーニングには大きな問題というか課題があります。それは、開発者はディープラーニングのアルゴリズムは理解できていても、結果を導いた理由が明確にはわからないことです。

　例えば、会議で売上げ予測を発表する際、たいていは「なにを根拠にこのような予測値を算出したのか」と質問を受けるでしょう。そのとき「人工知能がそう言っているから」では答えになりません。模型ではぶつからないクルマができていても、いざ実際の自動運転に人工知能を導入した際、万が一の事故が起きたときに「理由はわかりませんが、人工知能がハンドルを左に切った」という回答では原因の特定にはなりません。つまり、人命に関わったり、大きな損失に関わるような判断に関する重要な分野には、導入はできないということです。

　次のステップではおそらく、ニューラルネットワークがなぜその結論を導き出したのかを探るためのアルゴリズムが必要になるでしょう。
　それでも AI 関連技術は、できるところから導入が進められていくでしょう。技術は日進月歩で進化しています。

　知恵は人間が誇れる特別な能力ですが、コンピュータはいま、知識・見聞を広げる能力を得ようしています。人間も負けてはいられません。福沢諭吉の有名な言葉を思い出します。
　「知識・見聞を広げるためには、他人の意見を聞き、自分の考えを深め、書物も読まなければならない」

索引
INDEX

■ 数字
2045年問題 ･････････････ 44

■ A
ADAS ･････････････････ 124
AGI ･･････････････････ 36
AI ･･････････････････ 35
AI会話エンジン ･･････････ 211
AI少女ひとみ ･･････････ 103
AIに奪われる仕事 ･･･････ 119
Alexa ････････････････ 79
AlphaGo ･･････････････ 10

■ B
Bluemix ･･････････････ 72
bots on Messenger ･･････ 78
BOT TREE for MEDIA ･･･ 96

■ C
corevo ････････････ 92, 226
Cortana ･････････････ 79, 86
CRM ････････････････ 71

■ D
deepjazz ･････････････ 133
DQN ･･････････････ 13, 29

■ E
ELIZA ･････････････ 40, 80

■
Eugene ･･･････････････ 41

■ F
FinTech ･･････････････ 112
Fundect ･･････････････ 115

■ G
Google DeepMind ･･････ 12
Google Now ･･････････ 79
Googleの猫 ････････ 22, 24

■ I
If 〜 Then ･･･････････ 15
ILSVRC ･･････････････ 210
IoT ･･････････････････ 142

■ J
Jukedeck ･････････････ 133

■ K
Knowledge API ･･････ 209

■ L
Language API ･･･････ 209

■ M
M ･･････････････ 61, 89
Microsoft Azure ･････ 207
Microsoft Cognitive Services 207
Microsoft Research ･･････ 207

Music Xray ・・・・・・・・・・・・・・・ 131

N

Neocortex Simulator ・・・・・・・・ 44

NHTSA ・・・・・・・・・・・・・・・・・・・ 123

NLC ・・・・・・・・・・・・・・・・・・・・・ 204

NN ・・・・・・・・・・・・・・・・・・・・・・ 164

NTT ・・・・・・・・・・・・・・・・・・・・・ 226

O

Oculus Rift ・・・・・・・・・・・・・・・ 216

P

PARRY ・・・・・・・・・・・・・・・・・・・ 40

Proactive Assistant ・・・・・・・・・ 57

R

ResNet ・・・・・・・・・・・・・・・・・・・ 210

R&R ・・・・・・・・・・・・・・・・・・・・・ 205

S

SB ドライブ ・・・・・・・・・・・・・・・ 128

Search API ・・・・・・・・・・・・・・・ 209

SELF ・・・・・・・・・・・・・・・・・・・・ 101

Self-taught Learning ・・・・・・・・ 25

Siri ・・・・・・・・・・・・・・・・・・・・・ 79

Slack ・・・・・・・・・・・・・・・・・・・・ 82

SMART FOLIO ・・・・・・・・・・・・・ 115

Speech API ・・・・・・・・・・・・・・・ 209

Speech to Text ・・・・・・・・・・・・・ 56

Spotlight ・・・・・・・・・・・・・・・・・ 58

T

TacoBot ・・・・・・・・・・・・・・・・・・ 83

Tay ・・・・・・・・・・・・・・・・・・・・・ 92

Text to Speech ・・・・・・・・・・・・・ 56

THEO ・・・・・・・・・・・・・・・・・・・・ 115

V

Vision API ・・・・・・・・・・・・・・・・ 209

Viv ・・・・・・・・・・・・・・・・・・・・・・ 94

W

Watson Health Cloud ・・・・・・・ 203

Z

ZMP ・・・・・・・・・・・・・・・・・・・・・ 128

あ

アルゴリズム・・・・・・・・・・・・・・・・ 53

アンサー・・・・・・・・・・・・・・・・・・・ 115

い

意思決定支援システム・・・・・・・・・ 137

う

ウェアラブルデバイス・・・・・・・・・ 144

え

エキスパートシステム・・・・・・・・・・ 13

お

音声合成・・・・・・・・・・・・・・・・・・・ 56

音声認識・・・・・・・・・・・・・・・・・・・ 56

か

回帰問題・・・・・・・・・・・・・・・・・・・ 157

会話ボット・・・・・・・・・・・・・・・・・・ 79	コンテンツマーケティング・・・・・ 76
顔認識・・・・・・・・・・・・・・・・・・・・ 32	
活動量計・・・・・・・・・・・・・・・・・ 144	**し**
感情エンジン・・・・・・・・・・・・・・・ 50	ジェフリー・ヒントン・・・・・・・・・・・ 27
感情生成エンジン・・・・・・・・ 50, 231	シェフ・ワトソン・・・・・・・・・・・ 202
感情認識エンジン・・・・・・・・ 50, 231	自己教示学習・・・・・・・・・・・・・・ 25
	辞書型・・・・・・・・・・・・・・・・・・・ 98
き	自然言語・・・・・・・・・・・・・・・・・ 201
機械学習・・・・・・・・・・・・・ 152, 155	質問応答システム・・・・・・・・・・・ 137
技術的特異点・・・・・・・・・・・・・・ 43	自動オーダー対応サービス・・・・・ 82
強化学習・・・・・・・・・・・・・・・・・ 22	自動運転車・・・・・・・・・・・・・・・ 122
きまぐれ人工知能プロジェクト 作家で	自動走行システム 研究開発計画 2015
すのよ・・・・・・・・・・・・・・・・・ 136	・・・・・・・・・・・・・・・・・・・・ 123
協調フィルタリング・・・・・・・・・・・ 69	シナプス・・・・・・・・・・・・・・・・・ 48
	指紋認証・・・・・・・・・・・・・・・・・ 32
く	出力・・・・・・・・・・・・・・・・・・・・ 56
クローラ・・・・・・・・・・・・・・・・・・ 52	出力層・・・・・・・・・・・・・・・・・ 166
	情報伝達物質・・・・・・・・・・・・・・ 48
け	ジョパディ・・・・・・・・・・・・・・・・ 201
形式ニューロン・・・・・・・・・・・・・ 165	シンギュラリティ・・・・・・・・・・・・ 43
	人工知能コン・・・・・・・・・・・・・ 149
こ	人工知能ボット API ・・・・・・・・・ 95
構造化データ・・・・・・・・・・・・・ 199	
高度運転支援システム・・・・・・・ 124	**す**
コールセンター・・・・・・・・・・・・・ 63	スマートホーム・・・・・・・・・・・・ 144
コグニティブ・・・・・・・・・ 198, 207	
コグニティブ・コンピュータ・・・ 198	**せ**
コグニティブ・システム・・・ 65, 198	セルフドライビングカー・・・・・・・ 126
コネクテッドカー・・・・・・・・・・・・ 122	センサー・・・・・・・・・・・・・・・・・ 145
コンシェルジュ・・・・・・・・・・・・・ 71	先進モビリティ・・・・・・・・・・・・ 128
コンテンツベース・フィルタリング	
・・・・・・・・・・・・・・・・・・・・・ 69	

た

タコベル・・・・・・・・・・・・・・・・・・・・　82

ち

知恵・・・・・・・・・・・・・・・・・・・・・・　52

知識・・・・・・・・・・・・・・・・・・・・・・　52

知識ベース・・・・・・・・・・・・・・・・・　15

知的エージェント機能・・・・・・・・・　67

知能・・・・・・・・・・・・・・・・・・・・・・　52

チャットボット ・・・・・・・・・　41，79，98

チャットボットプラットフォーム ・・・・　77

中間層・・・・・・・・・・・・・・・・・・・・　166

ちゅーりーちゃん・・・・・・・・・・・・・　74

チューリングテスト・・・・・・・・・・・・　39

超高速取引・・・・・・・・・・・・・・・・・　118

つ

通訳・・・・・・・・・・・・・・・・・・・・・・　211

強い AI ・・・・・・・・・・・・・・・・・・・・　36

て

ディープニューラルネットワーク
・・・・・・・・・・・・・・・・・・・・・　155，168

ディープ・ブルー・・・・・・・・・・・・・　201

ディープラーニング
・・・・・・・・・・・・・　19，21，105，155

ディグリー・コンパス・・・・・・・・・　148

データ・・・・・・・・・・・・・・・・・・・・・　53

テレメトリーシステム・・・・・・・・・　145

と

特徴・・・・・・・・・・・・・・・・・・・・・・　152

特徴量・・・・・・・・・・・・・・・・・・　105，157

に

ニューラルネットワーク
・・・・・・・・　19，21，155，157，164

入力・・・・・・・・・・・・・・・・・・・・・・　56

入力層・・・・・・・・・・・・・・・・・・・・　166

ニューロン・・・・・・・・・・・・・・　48，163

の

ノード・・・・・・・・・・・・・・・・・・・・　165

は

パーソナルアシスタント・・・・・・・・　57

パターン認識・・・・・・・・・・・・・・・・　104

パターンマッチング・・・・・・・・・・・　154

犯罪予測・・・・・・・・・・・・・・・・・・・　120

汎用的な知能・・・・・・・・・・・・・・・・　36

ひ

非構造化データ・・・・・・・・・・・・・・　199

ひとみ API ・・・・・・・・・・・・・・・・・　103

ふ

フィンテック・・・・・・・・・・・・・・・・　112

複層フィルタリング・・・・・・・・・・・　101

プレディクティブ・ポリシング　120

分類問題・・・・・・・・・・・・・・・・・・・　157

へ

変なホテル・・・・・・・・・・・・・・・・・・　74

ほ

報酬・・・・・・・・・・・・・・・・・・・・・・　21

243

ボブ・ディラン・・・・・・・・・・・・・　205
翻訳・・・・・・・・・・・・・・・・・・・・・　211

ま

マクラーレン・ホンダ・・・・・・・・　145
マルコフ型・・・・・・・・・・・・・・・・・　98

み

未知の状況での意思決定・・・・・・・　238

む

ムーアの法則・・・・・・・・・・・・・・・・　46
無人シャトルバス・・・・・・・・・・・・　128

よ

弱い AI ・・・・・・・・・・・・・・・・・・・・　36

ら

ライブ感・・・・・・・・・・・・・・・・・・・　80
ラベル・・・・・・・・・・・・・・・・・・・・・　169

り

リコメンドエンジン・・・・・・・・・・・　69
離散値・・・・・・・・・・・・・・・・・・・・・　157
りんな・・・・・・・・・・・・・・・・・・・・・　83
りんな API for Business ・・・・・・　88

る

ルールベース・・・・・・・・・・・・・・・・　160

れ

レイ・カーツワイル・・・・・・・・・・・　43
レディー・ガガ・・・・・・・・・・・・・・　206

ろ

ログ型・・・・・・・・・・・・・・・・・・・・・　98
ロボアドバイザー・・・・・・・・・・・・　114
ロボットタクシー・・・・・・・・・・・・　128

わ

ワードスミス・・・・・・・・・・・・・・・・　134

著者プロフィール

神崎　洋治（こうざき・ようじ）

　ロボット、人工知能、パソコン、デジタルカメラ、撮影とレタッチ、スマートフォン等に詳しいテクニカルライター兼コンサルタント。ロボット情報ウェブサイト「ロボスタ」でロボットや人工知能等に関するコラム「神崎洋治のロボットの衝撃！」を連載中。

　1996年から3年間、アスキー特派員として米国シリコンバレーに住み、ベンチャー企業の取材を中心にパソコンとインターネット業界の最新情報をレポート。以降ジャーナリストとして日経BP社、アスキー、ITmediaなどで幅広く執筆。テレビや雑誌への出演も多数。詳細はホームページ参照（http://www.trisec.co.jp/magazine.html）。

　最近はロボット関連の最新動向を追った書籍『Pepperの衝撃！パーソナルロボットが変える社会とビジネス』（日経BP社）を執筆し、ロボット関連ITライターとして活躍中。人工知能、自動運転車に関する取材記事も多数。

　書籍ではレタッチ関連の『Photoshop CS6 パーフェクトマスター』（秀和システム）や『PhotoshopとLightroomによるRAW現像＆レタッチ術』（日経BP社）、デジタルカメラのしくみを解説した『体系的に学ぶデジタルカメラのしくみ 第三版』（日経BP社）の執筆や『史上最強カラー図解　プロが教えるデジタル一眼カメラのすべてがわかる本』（ナツメ社）の監修でも知られる。電子ブック写真集の出版を手がけるほか、年間8000枚以上の写真や画像のレタッチをこなすクリエイターでもある。

●連載コラム『神崎洋治のロボットの衝撃！』（ロボスタ）
http://robotstart.info/author/kozaki

参考文献・URL など

■参考文献

小林雅一、『AI の衝撃　人工知能は人類の敵か』、講談社現代新書、2015 年

レイ・カーツワイル、『シンギュラリティは近い』、NHK 出版、2016 年

■映像

NHK スペシャル、『医療ビッグデータ　患者を救う大革命』、初回放送 2014 年 11 月 2 日

NHK スペシャル、『ネクストワールド　私たちの未来』

   第 1 回　2015 年 1 月 3 日「未来はどこまで予測できるのか」

   第 2 回　2015 年 1 月 4 日「寿命はどこまで延びるのか」

   第 3 回　2015 年 1 月 24 日「人間のパワーはどこまで高められるのか」

   第 4 回　2015 年 1 月 25 日「人生はどこまで楽しくなるのか」

   第 5 回　2015 年 2 月 1 日「人間のフロンティアはどこまで広がるのか」

■URL

一般社団法人　人工知能学会「What's AI」

http://www.ai-gakkai.or.jp/whatsai/

158 ～ 172 ページの犬と猫のイラスト　©いらすとや

図解入門

最新 人工知能がよ〜くわかる本

発行日	2016年　7月　7日	第1版第1刷
	2017年　3月25日	第1版第7刷

著　者　神崎　洋治

発行者　斉藤　和邦
発行所　株式会社 秀和システム
　　　　〒104-0045
　　　　東京都中央区築地2丁目1−17　陽光築地ビル4階
　　　　Tel 03-6264-3105（販売）　Fax 03-6264-3094
印刷所　三松堂印刷株式会社　　　　Printed in Japan

ISBN978-4-7980-4687-7 C0034

定価はカバーに表示してあります。
乱丁本・落丁本はお取りかえいたします。
本書に関するご質問については、ご質問の内容と住所、氏名、電話番号を明記のうえ、当社編集部宛FAXまたは書面にてお送りください。お電話によるご質問は受け付けておりませんのであらかじめご了承ください。